本系列丛书为国家自然科学基金项目"全球化背景下中国农民合作组织发展：运营模式、治理结构与比较研究"（项目号：71020107028）和"农业产业组织体系与农民合作社发展：以农民合作组织发展为中心的农业产业组织体系创新与优化研究"（项目号：71333011）的成果。浙江大学"农林经济管理"国家重点培育学科对成果的出版给予了资助。特此致谢！

本专著还得到了国家社会科学基金项目"基于环境嵌入的农民专业合作社治理及其优化研究"（项目号：14CJY042）、浙江省自然科学基金项目"浙江省农业产业组织体系的创新和优化：基于农民合作社的发展"（项目号：LQ14G030010）和安徽大学农村改革与经济社会发展协同创新中心的资助。

Service Function of Farmer Specialized Cooperatives:
Theoretic and Empirical Study

农业产业组织与农民合作社研究系列丛书编委会名单

主编： 黄祖辉　张晓山　顾益康

编委： 苑　鹏　徐旭初　郭红东　程恩江

　　　　潘　劲　金少胜　梁　巧

农业产业组织与农民合作社研究系列丛书

农民专业合作社服务功能：

理论与实证研究

高钰玲　著

ZHEJIANG UNIVERSITY PRESS
浙江大学出版社

总　　序

我国农村始于20世纪70年代末80年代初的家庭联产承包责任制改革，赋予了农民比较稳定的土地承包经营权，调动了其生产积极性与创造性，促进了农业与农村经济的迅速发展。但随着改革开放的深入，社会经济环境的变化以及传统村集体经济组织的逐步衰弱，其在产前、产中、产后的统一服务功能不断弱化，农民的农业生产逐步陷于小规模、分散化的困境与挑战。这种挑战主要表现在三个方面：一是小规模、分散化的农业家庭经营难以实现农业的集约化、专业化和规模化生产；二是小规模、分散化的农业家庭经营难以实现农业的产业化经营和纵向链条延伸；三是小规模、分散化的农业家庭经营难以适应日益激烈的农产品市场竞争。最终导致多数农户很难再依靠农业生产获得体面的收入，大量的农业剩余劳动力开始流向城镇和非农产业，现代农业发展举步维艰。

面对此困局，从20世纪90年代开始，以山东省潍坊市为代表，出现了农业产业化经营的新的生产经营方式，取得了相当不错的经营效益，随后以"公司＋农户"为主导的农业产业化经营模式开始被各地政府提到重要议事日程进行宣传推广。但这种模式在应用推广的过程中也逐步暴露出一些问题，主要体现在：农业企业与众多分散农户打交道的交易成本非常高；农业企业与农户不是利益共同体，两者的关系比较脆弱；农业企业较强势，容易侵占农民合法收益，农民与企业间市场地位和信息获取不对称。我校农业经济管理系的不少师生也正是从这一时期开始关注农业产业化问题的研究。

1

在这一时期，我们首先对农业产业化经营的概念、实质、关键问题等进行了初步剖析（李长江、袁克忠、袁飞，1997；傅夏仙，1999），提出了自己的初步思考（和丕禅、郭红东，1997；周洁红、柴彭颐，1999）。在介绍国外农业产业化的先进经验的同时（柴彭颐、周洁红，1999），也开始关注浙江农业产业化的发展实践（黄祖辉、郭红东，1999），注意到了实践领域中存在的"公司＋农户"、"农户＋农户合作中介组织＋市场"等丰富多样的农业产业化形式（黄祖辉、郭红东，1997；郭红东、和丕禅，1998），试图对这些农业产业化的模式进行梳理，对农业产业化的指标、实现途径进行探索（罗庆成、潘伟光、朱允卫，1998；周洁红、柴彭颐，1998）。应该说这个阶段，我们关于农业产业化的理论研究小有收获，也协助政府部门回答了应该制定怎样的农业产业化支持政策的问题（周洁红、柴彭颐，1999；郭红东、黄祖辉、蔡新光等，2000）。

由于以"公司＋农户"为主导的农业产业化经营面临着一些固有的内在缺陷，被认为能更好地代表和维护农民利益的农业合作社组织得以从20世纪90年代中后期开始获得重新宣传和引入，并从21世纪初逐步在浙江等地开始试验推广，这就给我们展开相关问题的深入研究提供了很好的实践动力。同时，浙江大学农业现代化与农村发展研究中心（教育部人文社科重点研究基地，以下简称中心）、浙江大学中国农村发展研究院（国家"211工程"、"985工程"重点建设单位，以下简称研究院）的相继成立，更是给我们的理论研究提供了很好的科研平台与制度保障。

从21世纪初开始，中心、研究院师生的研究首先讨论了农民进行生产经营合作的必然性和农民合作社发展的变革态势（黄祖辉，2000），介绍了合作社组织的思想宗旨（林坚、王宁，2002）与本质规定性（徐旭初，2003），辨析了国内对农民合作组织的认识误区（黄祖辉、Olof Bolin、徐旭初，2002），促使国内理论界和实践领域开始正确认识农民合作组织，极大地推动了农民专业合作经济组织的发展（黄祖辉、徐旭初，2003）。随后，在理论上深刻揭示了农民合作组织发展的影响因素（黄祖辉、徐旭初、冯冠胜，2002），尝试以浙江为基础解析农民专业合作组织的实践情况（郭红东、黄祖辉，2001），剖析农户参与合作组织的意愿（郭红东、钱崔红，2004；郭红东、方文豪、钱崔红，2005)，分析影响农民参与合作组织行为的因素(郭红东、蒋文华，2004)，考察合作组织在实施农产品质量控制等方面的作用(卫龙宝、卢光明，2004)，并尝试基于政府的立场，提出农民专业合作经济组织应如何发展完善与创新的思路(郭红东，2002；郭红东，2003；郭红东等，2004)。应该说，在这个阶段，对于农民专业合作组织的理论研究工作奠定了中心、研究院在国内合作社理论界的基础地位，也促使浙江省农业厅等相关政府部门与我们展开深入合作，推动农民专业合作社在浙江省的立法工作。为此，中心、研究院一方面积极宣传介绍以北美为典型的国外合作社实践经验(郭红东、钱崔红，2004a；郭红东、钱崔红，2004b)，系统梳理国外最新的合作社研究理论成果(郭红东、钱崔红，2005)，同时，中心、研究院也与政府部门合作，高规格举办了农民合作组织的制度建设和立法安排国际学术研讨会(2005)，阐述了合作社的制度与立法问题，并进行了国际间的比较(徐旭初、黄祖辉，2005)，为《浙江省农民专业合作社条例》的起草和最终出台奠定了扎实的理论基础。《浙江省农民专业合作社条例》的立法经验也直接推动了《中华人民共和国农民专业合作社法》的出台(徐旭初，2005)，中心、研究院的老师也为《中华人民共和国农民专业合作社法》的出台做出了重要贡献。浙江省和全国农民专业合作社的立法实践反过来也进一步推进了中心、研究院对于合作社组织制度安排等主题的深入研究，中心、研究院师生先后探讨了合作社的产权安排(徐旭初，2006；林坚、黄胜忠，2007)治理结构(黄祖辉、徐旭初，2006；邵科、徐旭初，2007)等问题，并尝试用交易费用理论等厘清合作社与投资者所有企业的边界(林坚、马彦丽，2006)，解释合作社组织的集体行动逻辑(马彦丽、林坚，2006)。

这一阶段，中心、研究院的师生也没有忽视对农业产业化经营问题的理论探索。有些研究者在尝试使用契约理论分析、解析农业产业化经营的契约与组织形式问题(黄祖辉、王祖锁，2002；吴秀敏、林坚，2004)，有些研究者展开了对农业(农产品)行业协会问题的研究，通过对国外相关发展经验的介绍(黄祖辉、胡剑锋，2002)，对行业协会的特征、促进农业产业化经营的价值进行解析(郭红东，2002；胡剑锋、陆文聪，2004)，试图提出我国农业行业协会的建设思路(胡剑锋、黄祖辉，2004)。更核心的研究主题一方面来自于从农户视角研究农业产业化经营问题（陆文聪、西爱琴，2005），聚集关键的农业龙头企业与农户的订单安排等利益联结机制问题（郭红东，2002；郭红东、蒋文华，2007）；另一方面从农业龙头企业自身的发展维度，如治理结构安排、核心竞争力培育等进行理论聚焦（辛焕平、和丕禅、娄权，2006；彭熠、和丕禅、邵桂荣，2005；彭熠、和丕禅、邵桂荣，2006）。应该说，通过这段时间的努力，中心、研究院研究者清晰地认识到，要想进一步推动农业产业化发展水平的提升，既需要充分利用民间资本助力农业产业化（彭熠、黄祖辉、王健，2005；彭熠、和丕禅、李勇，2006），又需要嵌入供应链视角发展农业产业化（张静、傅新红，2007），更需要协调发挥行业协会、公司、合作社等组织在农业产业化中的作用（郭红东、蒋文华，2007），其中农民专业合作社的作用尤为基础和关键。

随着2007年国家《农民专业合作社法》的颁布实施，中心、研究院师生进一步提高了对农民专业合作社重要性的认识，成立了中国农民合作组织研究中心（CCFC），创设了中国农民合作社研究网（www.ccfc.zju.edu.cn），强化了对合作社组织的理论研究。首先，正如2008年中心、研究院与国际劳工组织、农业部经管司（经管总站）等单位共同举办的"中国农村改革30年：中国农民合作经济组织发展国际研讨会"所达成的会议共识，研究者清晰地指出了与西方传统合作社的发展环境、成员与组织特征相比，中国当下的农民专业合作社发展有了新的形势（徐旭初，2008；徐旭初、邵科，2009；徐旭初、吴彬，2009），中国的农民专业合作社发展开始嵌入供应链管理的环境（徐旭初，2007），合作社的本质性规定在中国发生了不同程度的漂移（黄祖辉、邵科，2009），新形势下的农民专业合作社发展面临多重困难与挑战（张忠根、王玉琳，2009），多类型的农民合作组织在中国具有存在的必然性（黄祖辉，2008），但仍然需要坚持市场化、专业化的合作社发展价值取向（黄祖辉、邵科、徐旭初，2010）。

其次，中心、研究院师生将更多的研究精力投入到对农民专业合作社组织制度安排与发展成长问题的研究。在组织制度安排上，治理结构与运行机制主题（黄胜忠、徐旭初，2009；吴彬、徐旭初，2013）、组织效率（绩效）问题（黄祖辉、梁巧，2009；黄祖辉、邵科，2010；黄祖辉、扶玉枝，2012；扶玉枝、黄祖辉，2012)是研究者重点聚焦的问题，产生了一批有分量的成果(黄胜忠、林坚、徐旭初，2008；黄祖辉、扶玉枝、徐旭初，2011；黄祖辉、扶玉枝，2013)。在组织发展成长上，中心、研究院师生重点关注了合作社成长、服务功能实现与纵向一体化经营的影响因素(郭红东、楼栋、胡卓红、林迪，2009；刘颖娴、郭红东，2012；黄祖辉、高钰玲，2012)，注意到了农民专业合作社存在的融资难问题正在影响着组织的发展壮大(郭红东、陈敏、韩树春，2011)，一些合作社在资本的控制下呈现出功能弱化的趋向(崔宝玉、李晓明，2008；崔宝玉、张忠根、李晓明，2008)，当前需要允许农民专业合作社尽快开展信用合作试点(徐旭初，2011)。中心、研究院师生也非常重视基于成员视角研究成员参与行为的特征、影响因素，观察成员参与对合作社满意度等的影响(郭红东、杨海舟、张若健，2008；郭红东、袁路明、林迪，2009；蔡荣、韩洪云，2012；黄祖辉、高钰玲、邓启明，2012；邵科、徐旭初，2013)。

由于农民专业合作社的发展壮大，合作社在农业产业发展中的功效逐步显现，除了带领农户参与大市场、应对供应链的集体行动(黄祖辉、梁巧，2007；施晟、卫龙宝、伍骏骞，2012)，其在农业生产标准化推广、技术贸易壁垒应对等方面的作用也不断凸显(赵建欣、崔宝玉、祁国志，2008；周洁红、刘清宇，2010)，农民专业合作社正在改变农户的生产行为和收益情况(蔡荣，2011；蔡荣、韩洪云，2012)。

总体而言，面对不同于经典模式、反映中国时代特征的农民专业合作社发展(徐旭初，2012)，中心、研究院师生借鉴委托—代理理论、交易成本理论等理论(梁巧、黄祖辉，2011)，围绕农民专业合作社的组织制度安排、成员参与、产业带动等层面进行了非常有价值的探索，使中心、研究院成为国内研究农民专业合作社的重镇。

实际上，最近十年来，中心、研究院老师在农业产业组织与农民合作社领域展开理论研究的同时，也培养了一批优秀的从事相关研究的博士生。以郭红东(2005)为代表，一些硕士、博士研究生围绕农业产业化主题分析了农业龙头企业与农户订单安排及履约机制等问题。以徐旭初(2005)为代表，另一批硕士、博士研究生围绕合作社主题对农民专业合作社的制度等进行了理论解析。而随着《中华人民共和国农民专业合作社法》的颁布实施、农民专业合作社的快速发展，中心、研究院硕士、博士研究生对农民专业合作社的理论研究更为深入，这套"农业产业组织与农民合作社研究系列丛书"正是其中的一部分代表性成果。

我们希望，在2012年全国农民专业合作社达到68.9万家，实有成员5300多万户，各类产业化经营组织超过30万个，带动农户达1.18亿户的新形势下，这批专著的出版能够进一步推动理论界的相关问题研究进展，吸引更多学人关注和参与分析讨论，也进一步促进农民合作社和其他农业产业组织的实践发展。同时，我们也意识到，即将出版的这几本专著由于各种主、客观原因，还存在一些问题和缺陷，因此殷切期盼读者能够提出批评指正，促使我们这些年轻的学人能够在未来的理论与实践研究中改进提高。

本系列丛书的出版得到了浙江大学国家"985工程"三期项目的支持，得到了国家自然科学基金重大国际（地区）合作研究项目"全球化背景下中国农民合作组织发展：运营模式、治理结构与比较研究"（项目号：71020107028)和国家自然科学基金农林经济管理学科群重点项目"农业产业组织体系与农民合作社发展：以农民合作组织发展为中心的农业产业组织体系创新与优化研究"（项目号：71333011）的资助，在此一并表示感谢。我们还要感谢浙江大学出版社的编辑们为本系列丛书的出版所付出的辛勤劳动。

黄祖辉

2013年12月于浙大华家池

目　　录

图 目 录

表 目 录

1 绪 论

1.1 研究背景与问题提出

1.1.1 研究背景

随着社会经济体制改革的深化,我国工业化、信息化、城镇化、农业现代化发展的步伐加快,经济总量不断增长,经济结构不断优化,但严峻的"三农"问题仍然摆在了国家和人民面前,不容忽视。"三农"问题说到底,核心是农民问题。农民作为农业生产的主体和农村社会发展的个体,他们的经济利益是否得到有效保障,直接影响到农业的生产和农村的发展。因此,切实实现和维护农民的经济利益是解决"三农"问题的关键。农民基本的收入来源是农业生产,农业生产能否顺利进行,如何降低生产成本、提高生产质量、增加销售收入、拓展利润空间直接关系着广大农民的切身利益。

小生产与大市场的有效对接,是农民在农业市场化中增加经济利益最需要解决的问题。谁为农民提供供求信息,指导农民安排生产,减少经营的盲目性;谁为农民提供生产中的技术服务,解决生产中的技术难题;又通过什么途径把被分割的农业产业链条连接起来,实现农业生产、加工、储藏、运输、销售等环节的一体化经营,借以实现农业生产的规模效益,并把农产品增值利益留在农民手中,保护农民的盈利,提高农户在市场竞争中的地位。这些都是农民最急需的服务内容。而这些服务内容单靠一家一户的农民是无法解决的,必须有一个有效的服务组织来完成。当然,农业产业化经营中的龙头企业、社会化服务中的政府服务、以营利为目的的中介组织都可以参与进来，农民也能从它们的服务中得到些好处。但这些组织没有一个是真正与农民处于同一利益集团的，它们与农民是买卖、契约关系，双方既有利益的一致性，又有明显的利益冲突。当出现利益冲突时，农民依然处于弱势地位。所以，要解决小生产与大市场的有效对接问题，将外部性内在化，减少农民市场经营的风险和不确定性，减少交易障碍，实现规模经济，提高交易效率，就必须有一个能直接、真正代表农民利益的服务组织来联结农民与市场，充当农民和市场的中介。

世界农业经济发展的经验表明，过去百余年时间里，欧美发达国家的农业现代化进程普遍经历了农民数量不断减少，农业生产不断专业化、规模化，农产品竞争不断加剧等转变（王震江，2003；益智，2004），但农业合作社自始至终在其中扮演着重要的角色，也发挥着重要的作用（Chaddad & Cook 2004；徐旭初等，2008）。在中国，自《中华人民共和国农民专业合作社法》（以下简称《农民专业合作社法》）颁布实施以后，农民专业合作社的地位和作用也越来越受到重视。党的十七届三中全会通过的《中共中央关于推进农村改革发展若干重大问题的决定》着重提到要"按照服务农民、进退自由、权利平等、管理民主的要求，扶持农民专业合作社加快发展，使之成为引领农民参与国内外市场竞争的现代农业经营组织"，这充分强调了农民专业合作社的重要性。随后，党的十八届三中全会通过的《中共中央关于全面深化改革若干重大问题的决定》又一次突出了对合作社的重视，指出要"鼓励农村发展合作经济，扶持发展规模化、专业化、现代化经营，允许财政项目资金直接投向符合条件的合作社，允许财政补助形成的资产转交合作社持有和管护"，中国农村合作经济事业迎来了新的发展阶段（徐旭初，2014）。自 2007 年《农民专业合作社法》生效后，农民专业合作社蓬勃发展（见表 1-1）。截至 2014 年 2 月底，全国农民专业合作社已达 103.88 万家，比上月底增长 1.94%，出资总额 2.04 万亿元，增长 2.38%[①]。另有数据统计，从 2008 年以来，农民专业合作社平均每月增长 1 万家（吴霞，2012）。

---

① 数据来源：国家工商总局门户网站　www. saic. gov. cn/zwgk/tjzl/zhtj/xxzx/201403/t 20140311_142849. html。

表 1-1 全国农民专业合作社基本情况(2007—2013)

年份	合作社数		出资额		成员数	
	万个	同比增长(%)	万亿元	同比增长(%)	万个	同比增长(%)
2007	2.64	—	0.03	—	210	—
2008	11.09	320.08	0.09	182.41	1200	471.43
2009	24.64	122.18	0.25	179.65	2100	75.00
2010	37.91	53.86	0.45	84.69	2900	38.10
2011	52.17	37.62	0.72	58.39	4100	41.38
2012	68.90	32.07	1.10	52.07	5300	29.27
2013	98.24	42.58	1.89	71.82	7412	39.85

资料来源:根据国家工商总局于相应年度发布的《全国市场主体发展总体情况报告》整理、计算得出(可参见 http://www.saic.gov.cn/zwgk/tjzl)。

中央文件将农民专业合作社的地位和作用提到前所未有的高度,对其具体的服务功能更是重视。几乎每年的中央一号文件对农民专业合作社的服务功能都有很明确的指导意见和政策导向(见图 1-1)。特别是 2012 年

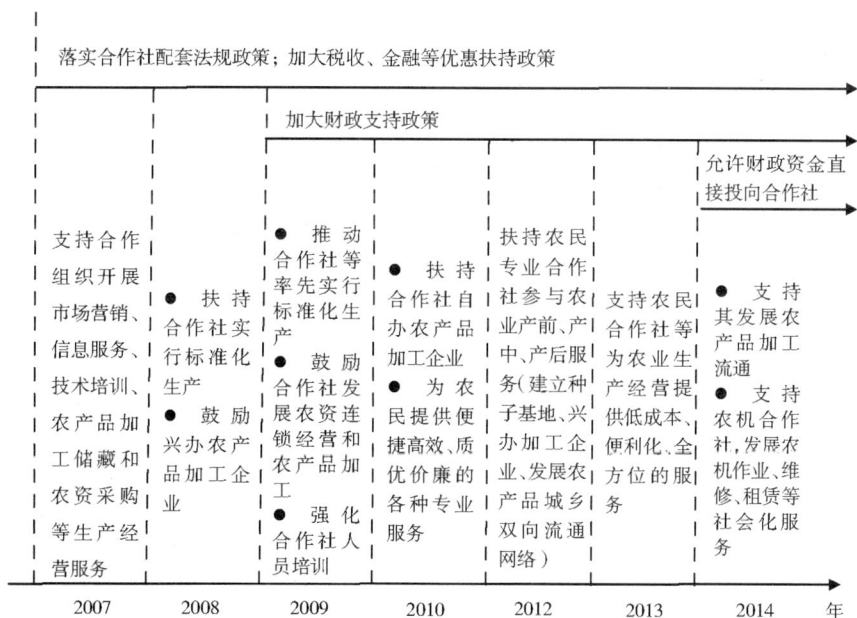

图 1-1 中央一号文件关于合作社服务功能的指导意见和政策导向
资料来源:根据各文件官方公布版本的全文分析、整理制作。

中央一号文件(《中共中央关于加快推进农业科技创新持续增强农产品供给保障能力的若干意见》)，更是明确提出要扶持农民专业合作社参与农业产前、产中、产后服务：(1)鼓励种子企业与农民专业合作社联合建立相对集中稳定的种子生产基地；(2)充分发挥农民专业合作社组织农民进入市场、应用先进技术、发展现代农业的积极作用，加大支持力度，加强辅导服务；(3)支持农民专业合作社兴办农产品加工企业或参股龙头企业，对其建设初加工和贮藏设施予以补助；(4)支持农民专业合作社在城市社区增加直供直销网点和发展联通城乡市场的双向流通网络，形成稳定的农产品供求关系。

在农民专业合作社的服务功能中，中央对其能够提供加工服务，让农民享受产业增值收益的功能尤其重视。自2007年中央一号文件开始，中央每次都强调对农民专业合作社开办加工企业或者购置贮藏、加工设备的支持；中央对于农民专业合作社在标准化生产领域的作用也十分重视，2008年和2009年的中央一号文件都要求扶持和推动农民专业合作社实行标准化生产。目前，农民专业合作社涉及种植、养殖、农机、林业、植保、乡村旅游等农村各个产业，服务内容从生产领域逐步向生产、流通、加工一体化经营发展(赵经平，2011)。中国的农民专业合作社已经从合作领域狭隘、服务功能单一向合作领域逐渐宽广、服务功能多样的格局发展，不少农民专业合作社已初步形成了以农资供应、生产管理、产品销售、产品加工等服务为主要内容的多元化服务功能。

而农民专业合作社能够如此迅速发展的最主要原因就在于其能够为广大农民提供最切实需要的产前、产中、产后服务。由于农民专业合作社植根于农民之中，因此，农民专业合作社对农户的服务最直接、最具体，从而成为农业社会化服务体系中不可取代的重要组成部分(吴敬学等，2012)。农民专业合作社通过自身的经济活动，为成员提供行之有效的全方位服务，吸引越来越多的农户加入农民专业合作社，使用农民专业合作社的服务(见图1-2)。截至2013年底，农民专业合作社实有成员数为7412万个，占全国农户总数的28.5%，这个数字还在继续增长。

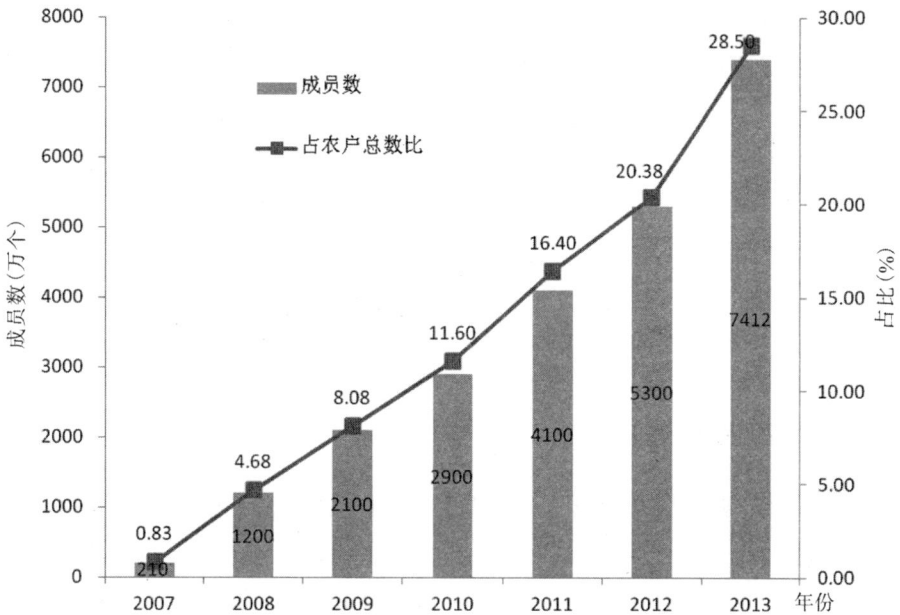

图 1-2 农民专业合作社实有成员数占全国农户总数比
数据来源：农业部新闻办公室发布的《促进农民合作社健康快速发展》(可参见：http：//www. moa. gov. cn/zwllm/zwdt/201402/t20140213_3762438. htm)以及笔者根据工商总局于相应年度发布的《全国市场主体发展总体情况报告》(可参见：http：//www. saic. gov. cn/zwgk/tjzl)与国家统计局发布年度数据库中的农户数量进行整理、计算得出(可参见：http：//data. stats. gov. cn/workspace/index?m=hgnd)。

1.1.2 问题提出

农民专业合作社不断涌现并快速发展,改变了目前我国中小农户的生产经营方式和产业结构。不少农民专业合作社已初步具备了以农资供应、生产管理、产品加工、产品销售等服务为主要内容的多元化服务功能。农民专业合作社在农业生产不同环节上提供各种专业化服务,促进了农业现代化,是增加农民收入的有效手段之一。

然而,农民专业合作社光鲜发展数据的背后,也面临着一系列问题,有许多深层次的问题需要我们去思考和探究。首先,我们需要了解,什么是农民专业合作社的服务功能,它又为何会出现? 农民最需要的农民专业合作社服务功能是什么? 目前,农民专业合作社服务功能又能为其成员提供哪些服务,是否能满足成员的需求? 能够为成员带来哪些福利改善? 本书正是带着这些问题进行研究的。

作者相信,随着近年来我国农民专业合作社发展方向愈加明确,其服务功能作用愈加显现,如何拓宽农民专业合作服务功能的内容以及如何提高服务功能的实现程度将是农业经济领域中需要研究的重要课题之一。

1.2　研究目的与研究意义

1.2.1　研究目的

农民专业合作社发展迅速,在积极增加农民收入,促进农村发展和农村建设,提高农业竞争力等方面都发挥着日益重要的作用。不过,总体看来,它毕竟还是一个新生事物,目前仍然处于发展的初期,面临的困难和挑战也非常多。目前有关农民专业合作社的研究,多集中于它的本质属性与组织效率。本质属性固然重要,对其争论与研究也从未停止,争论的焦点无非是农民专业合作社是否由农民自发组建,是否又由全体成员民主控制,是否真正的农民专业合作社等。其实,这些争论的落脚点无一例外都是为了更好地服务于成员,以期实现全体成员的共同利益。基于此,本书以成员最直接的需求——农民专业合作社服务功能为落脚点,以现有的研究成果和实地调查数据为基础,运用定性分析与定量研究相结合的方法,对农民专业合作社的服务需求、服务供给、服务实现和服务演进进行分析。主要的研究目的有以下几点:

(1) 阐述农民专业合作社服务功能的含义,即什么是农民专业合作社服务功能。要系统地研究农民专业合作社的服务功能,无疑,首先要明确农民专业合作社服务功能的含义,即农民专业合作社服务功能的定义是什么,内容有哪些。

(2) 分析农民专业合作社服务功能存在的合理性,即农民专业合作社服务功能为什么被需要。这主要是想解释农民专业合作社的服务功能必然会出现的缘由,以及其对农民、农业、农村的发展有何作用等问题。

(3) 建立农民专业合作社服务功能的分析框架,即我们可以怎样系统、全面地了解农民专业合作社的服务功能。农民专业合作社服务功能提供的主体是合作社,使用的主体是合作社的成员。成员对服务有需求,合作社供给服务、成员使用服务。到底是需求产生了供给,还是供给促进了需求?哪些因素影响了需求和供给?合作社的服务功能是否会产生变化?如果会变化,又是否有规律可循?这些都是本书想要尝试解释的问题。

(4)给出农民专业合作社服务功能的提升建议,即我们可以怎样更好地拓展服务的范围,增加服务的深度,提升服务的能力。对已有现实的归纳总结、演绎推理都是为了后续更好地发展。本书希望能得出具有一定普遍适用性的政策启示,以期为转型时期中国农民专业合作社的发展提供理论经验与实践指导。

1.2.2　研究意义

农民专业合作社是对农民服务的最直接、最具体、最有效的形式,是农业社会化服务体系中不可取代的重要组成部分,深入、系统地研究农民专业合作社服务功能具有重要的理论意义和实践意义。

1. 理论意义

农民专业合作社是一种具有特定内涵的经济组织形式。在合作经济存在的170多年的历史进程中,尽管其定义、原则都随着不同的社会经济环境而发生了不同程度的变化,各国也对其有着本土化的规定和解释,但"归成员所有并为成员服务"这一组织本质属性并未随着复杂多变的环境而改变(潘劲,2001)。合作社的本质属性有二:"民主控制"与"服务成员"。民主控制是合作社的治理结构重点研究议题之一,一直以来都是合作经济领域的研究重点;而合作社服务功能因其内容的复杂性、形式的多样性、政府的干预性,特别是效益的难测量性而一直缺乏系统深入的调查与研究。本书构建了一个基于需求与供给的合作社服务功能理论分析框架,相信这将会进一步丰富现代合作经济理论,也会对构建具有中国特色的合作社理论体系有所裨益。

2. 实践意义

"三农"问题是全党工作的重中之重,是关系我国长治久安和人民幸福安康的重大问题。没有农业的繁荣就没有国家的繁荣,没有农民收入水平的提高就没有全国收入水平的提高，没有农村的全面小康就没有整个国家的全面小康。发展符合中国实际和有中国特色的农民专业合作社，对于全面提高农民收入、保障农民权益，发展现代农业，提高我国农业竞争力和可持续发展能力以及农村社会的安定团结都具有重要的现实意义。

本书通过对合作社服务功能的系统理论分析与实证研究，一方面总结了现有合作社服务功能的供求、实现程度及对成员福利改善情况，有利于发现合作社服务存在的主要问题与发展趋势。中国农民经济利益的改善离不开农业现代化道路的发展，农业现代化道路离不开新型农业社会化服务体系的支撑，新型农业社会化服务体系离不开农民专业合作社的组成。本书通过实地问卷调查的方式，全面了解成员对合作社服务的需求取向、合作社对成员服务供给的现况以及供需对接实现情况，将现有农民专业合作社服务功能存在的主要问题一一揭示。另一方面，通过对合作社服务供求及实现程度的影响因素进行的实证分析，发现了影响合作社服务功能充分发挥的因素，在一定程度上有助于正确指导和有效促进我国农民专业合作社服务功能的规范发展，以进一步提升我国新型农业社会化服务体系的服务水平，最终在发展农业、繁荣农村、造福农民中作出更大的贡献。

除此之外，本书的结论还将为政府或相关部门的有关决策提供参考依据。本书通过针对农民专业合作社及其成员的实地调查，得出了成员对农民专业合作社服务的需求取向，有利于政府确立今后农民专业合作社服务功能发展的重点和方向，促进服务供求的有效对接；确立了影响农民专业合作社服务供给与实现的关键因素，有利于政府创造农民专业合作社服务功能发挥的良好环境和条件，促进服务演进的加速进行。

1.3 研究对象与概念界定

1.3.1 研究对象

早期，对应国际合作经济界"合作社"的概念，中国有一个特有的概念——"合作经济组织"，其类型各异，称谓颇多，如专业合作社、专业协会、专业技术协会、产业化协会、研究会、联合体等,并无一个具体的、统一的定义,只是它们相对比较强调组织成员的同业性(徐旭初,2005)。随着 2007 年《农民专业合作社法》的实施,"农民专业合作社"成为法定名称,被广泛接受和认可。但随着合作运动的深入,农民对合作的形式、内容、层次的需求更加多样化,推动了合作社的多样化发展,诸如资金互助合作社、土地股份合作社、社区股份合作社、手工业合作社、旅游合作社等各种合作形式的农民合作社不断涌现并持续发展。并且,自 2013 年中央一号文件中首次出现"农民合作社"的名称开始,政府文件都以含义更广的"农民合作社"替代了"农民专业合作社"的称谓。可见,农民合作运动的实践驱动了合作社的发展,也促使政府开始倾向于倡导发展多样化的合作社,并正在推动《农民专业合作社法》的修订事宜。而合作社的类型正是修订过程中主要探讨的焦点之一。但是,因为专业合作社法人地位的确定而使合作社成为真正的市场主体之一,因为专业合作社政府支持的力度而推动了合作社的广泛发展,因为专业合作社广泛的发展而提升了农民的合作意识,继而产生了各种多样化的合作实践,最终使中国的合作运动因专业合作社的发展而走向了高潮。所以,专业合作社是被农民广泛接受和认可的一种合作形式,而且,在目前《农民专业合作社法》仍然有效的情况下,农民专业合作社仍然是法定的称呼,是受法律保护的经济组织和市场主体。基于此,本书仍以"农民专业合作社"为研究对象,具体以工商登记为准。

1.3.2 概念界定

1. 农民专业合作社

为了对农民专业合作社进行科学定义,有必要先对相关概念进行说明。

首先,关于农民专业合作社主要成员——农民的含义。《农民专业合作社法》第十五条规定"农民专业合作社的成员中,农民至少应当占成员总数的百分之八十",可见农民是农民专业合作社的主体成员。农民的概念既会影响法律的名称,也会影响法律的适用范围。"农民"是一个多层次、含义丰富的概念:从职业角度来理解,农民是指以土地为主要生产资料,并直接从事农业生产的劳动者;从地域角度来界定,农民是指农村居民,即居住和生活在农村地区的人；从社会身份角度来界定，农民是指具有农业户口的人，是新中国户籍中确认的一种身份。几十年前，这几种角度理解的农民概念并没有多大的区别。但随着当今中国农村的政治、经济、社会结构发生的变革，农民群体的分化已是不争的事实，农民的概念已日趋复杂化、多元化，从事农业生产的既有专业农民也有兼业农民，既有农民企业家也有居住在城市的农民。在国外，"农民"一般就是指作为一种职业的农民角色。本书也主要从职业角度来界定农民专业合作社中"农民"的概念。从职业角度来界定农民，我们还得了解农业的含义。农业，从本质来说，是指人类利用生物机体（包括植物、动物、微生物等）和自然力，通过自身的劳动强化和控制生物的生命过程，以取得人类所需要的物质产品的生产部门。一般来说，农业有广义与狭义之分，狭义的农业指种植业，而相对应广义的农业则包括林业、畜牧业、副业和渔业四个部门。在本书中，我们采用广义农业的概念，并认为农业是一个由产前、产中和产后三个部门组成的产业系统，其中农业产前部门指为农业提供生产资料的部门；农业产中部门指为农业提供生产管理服务的部门；农业产后部门指从事农产品加工、储运、销售等活动的部门（张忠根，2010）。

还有一点值得说明的是，农户是从事农业生产经营活动的基本组织单位，农民一般也是以农户为单位进行生产经营决策，所以农民专业合作社的成员并非单个的农民，而是以户主名义登记入社的农户。因此，本书中所涉及的农民与农户不作严格区分，农民就是农户的个体成员，农民专业合作社的成员[①]也是指以户主为代表的农户，对农民专业合作社成员的访谈或者调查以户主为主。

其次，关于核心概念——合作社的含义。合作运动始于1844年12月21日"罗虚代尔公平先锋社"的诞生，在世界上已有170多年的发展历史。合作社是市场经济发展的必然产物，在其发展历程中，显示出了巨大的经济功能和社会功能，特别是在欧美发达国家的农业现代化进程中扮演着重要的角色，

---

① 因《农民专业合作社法》规定农民专业合作社的成员，必须80%以上是农民，故本书认为合作社为成员服务的宗旨是为以农民为主体的农民服务。本书分析的农民专业合作社成员，如无特殊说明，均指身份为农民的成员。

也发挥着重要的作用(Chaddad & Cook,2004;徐旭初等,2008)。各个国家、地区或者学者对合作社的定义也略有不同(见表1-2),但随着合作社运动不断发展,各国各界的合作社人士不断推动,目前国际社会对合作社的定义、原则等都达成了许多共识,都比较认可《关于合作社界定的声明》(*Statement on the Co-operative Identity*)中的定义,即"合作社是人们自愿联合、通过共同所有和民主控制的企业来满足他们共同的经济、社会和文化需求的自治联合体"①。这个概念有几个要点:其一,合作社是"人的联合",是人们自愿联合组建的,成员可以自由加入或退出;其二,合作社是一种特殊的企业,成员作为惠顾者(使用者),共同所有和民主控制这个企业;其三,也是最重要的一点,合作社的成立是为了服务成员,是为了"满足成员共同的经济和社会的需要"。

最后,关于研究对象——农民专业合作社的含义。"农民专业合作社"是中国特有的提法,与国际上普遍使用的"农业合作社"(Agricultural Cooperatives)含义类似。而中国之所以将农业合作社称为农民专业合作社,一是由于现阶段我国的农业合作社主要是以同类产品或服务的农民为主而组建的;二是为了将这种"新型的农业合作社"与20世纪五六十年代的各类合作组织划清界限;三是为了与目前仍存在的并以"合作社"冠名的其他合作组织相区分。因此在本书中,涉及国外研究时,一般使用"农业合作社"一词,涉及国内研究时则使用"农民专业合作社"一词,有时为简化也称之为"合作社"。

---

① 资料来源:http://ica.coop/en/whats-co-op/co-operative-identity-values-principles。这一官方的合作社定义以及对合作社的价值和原则的界定,来自于加拿大历史学者伊恩·麦克弗逊(Ian MacPherson)博士于1995年12月在瑞士日内瓦举行的国际合作社联盟100周年大会上宣读并经大会表决通过的专题研究报告——《21世纪的合作社原则》(Ian MacPherson. Co-operative Principles for the 21st Century. Studies and Reports No. 26 December 1995 International Co-operative Alliance Geneva)。

表 1-2 西方国家代表性的合作社定义

时间	来　源	合作社的定义以及基本原则
1844	英国罗虚代尔公平先锋社	英国罗虚代尔公平先锋社罗虚代尔主要原则：（1）自愿集股筹资，只分少量股息而不分红利，自愿加入或退出合作社；（2）社员平等，民主管理，不问股金多寡，一人一票选举；（3）入社不受政治宗教信仰影响；（4）以市场平价作现金交易买卖，保证准斤足尺；（5）按购货金额比例分享利润；（6）盈余中提取 2.5% 作为社员教育费用
1895	国际合作社联盟成立大会	合作社必须符合罗虚代尔原则
1937	国际合作社联盟第 15 届大会	在罗虚代尔原则的基础上附加四个项目：（1）只对社员交易；（2）社员入退社自由；（3）按照市价或时价来交易；（4）创立不可分割的合作社财产
1947	Fetrow，Eslworth	合作社是为了共同利益而组建起来的共同劳动的组织。经济合作社是一种企业形式，由具有共同需要的成员惠顾者民主管理，在非营利的基础上为自己来服务，并根据参与的比例来获取利益
1965	Savage，Volkin	合作社是建立在非营利的基础上，为自身提供所需服务的共同所有权利益的人们共同组建的自愿契约的组织
1970	Packel	合作社是一群力图实现自我的经济服务的人组合成的民主联合体，该组合体通过为消除中间商的利润的目的来提供基于所有和控制的实质平等的计划
1973	威斯康星大学合作社研究中心（UWCC）	合作社是一个由其惠顾者自愿所有和控制，在非营利或降低成本的基础上，由成员自己为自己经营的，由其所有者所有的企业
1989	美国农业部（USDA）农村商业和合作社发展中心	合作社是一种由使用者所有，使用者控制和基于交易额进行分配的企业
1995	国际合作社联盟成立 100 周年大会	合作社是人们自愿联合起来、通过共同所有以及民主控制的企业，其目的是为了满足社员经济、社会和文化方面的共同需求和渴望

资料来源：倪细云.农民专业合作社发展能力研究.西北农林科技大学博士学位论文,2012.

2. 农民专业合作社服务功能

同样，为了对农民专业合作社服务功能进行科学定义，有必要先对服务、农业服务等相关概念进行说明。

(1) 关于服务的含义

本书的"服务"特指农业产业中的服务，即农业服务。[①] 传统的服务(亦称劳务)，指不以实物形式给人带来某种利益或者满足他人某种特殊需要的活动。实际上，服务与生产是相对应的概念，而划分的依据通常是各自所在部门。马克思把一个商品从设计、生产到最终消费称为社会生产总过程，这个过程中要经历的一部分环节被称为"生产"，而另一部分环节就被称为"服务"。所以，农业服务是站在农业部门的立场，把农产品从生产到消费的社会生产总过程中属于动植物自然生长过程且由生产者自己完成的生产环节叫生产，把其他产前、产中、产后的生产环节，交给其他在法律上独立的市场主体完成的交换关系的总和称为农业服务，包括有形的生产性服务和无形的非生产性服务(龚道广，2000)。农业服务的本质内涵是农业产前、产中、产后经济要素在现实经济矛盾中的运动表现(梁鸿飞，1991)。在农业现代化过程中，因技术和信息的发展，农业专业化程度不断提高，许多农业产业的内部部门(如产前、产中、产后的服务性机构)从农业产业中脱离，形成了以农产品生产、流通或消费为中心的农业服务系统。该系统把农业产业各环节有机地结合，系统成员间由一种交易关系发展为竞争合作关系，形成了以生产、商业和其他形式为主的农业联合体。由于现代农业的市场化、社会化、专业化特点，物质化和非物质化的农业服务快速发展，农业发展也步入服务经济阶段。

实际上，相关研究在概念的使用和外延的界定上仍然存在较大分歧，大致有农业服务、农业生产性服务、农业社会化服务、农业现代化服务、农业的

---

① "农业服务"的范围较广，包含多种服务类型，但在一般意义上，可按服务的性质将其分为两大类。一类是农村公共服务，指用于满足"三农"公共需要而提供的具有一定的非排他性和非竞争性的社会服务。简单地说，就是对一个农户来说具有外部效益和社会效益的事情，如农田水利基础设施建设、气象服务、道路建设、义务教育、医疗卫生、社会保障等。这类服务具有成本高、社会效益大的特点，基本上属于公益性服务。另一类是农业社会化服务，是指那些收取一定费用的服务，如生产资料购买、生产作业、农产品销售等。这类服务基本上以市场服务为导向，以追求利润为交易动机。本书中的农业服务主要指农业社会化服务。

生产性服务等。国际上普遍使用"Agricultural Service"、"Rural Service"或"Agricultural Support Service"，一般译作"农业服务"，目前国内较为常见的称呼为"农业社会化服务"。"农业社会化服务"的概念在我国于1985年开始使用，自国务院颁布《关于加强农业社会化服务体系建设的通知》（1991年10月28日）后，被广泛沿用（黄佩民等，1995）。农业社会化服务是在家庭联产承包经营的基础上发展起来的，旨在解决农民生产与经营中的各种问题。通过将农民干不了、干不好、干了不划算的生产或经营环节分离出来，由外部专门的社会服务组织去完成，从而在社会分工范围内实现农业生产专业化，提高农业生产效率，增加农民农业收入，推动农业现代化发展。另外，需要注意的是，农民专业合作社的服务对于其内部成员而言，是自我服务，但相对于成员独立的家庭经营方式而言，仍然可以称为社会化服务①，所以，农民专业合作社是农业社会化服务体系的骨干力量，居于重要地位。

（2）关于农民专业合作社服务功能的含义

农民专业合作社的服务功能是由其组织本质属性所决定的。农民专业合作社是由它的成员自愿联合而组建，以满足他们共同需求的服务性自助经济组织。它立足于相互的自助（mutual self-help），也就是自助基础上的互助，互助支持下的自助。它的根本出发点是人们自愿联合起来，依靠联合的力量，通过农民专业合作社这个服务组织平台，给他们提供所需要的服务，并使他们能从这些服务中获得实际的利益。一般认为，农民专业合作社是兼具企业部门和社会部门功能的组织（唐宗焜，2007），同时具有经济功能、社会功能、文化功能等，但无疑经济服务功能是贯穿所有功能的关键。农民专业合作社是面向市场的经济组织，服务成员是其之所以在世界上出现的重要原因（唐宗焜，2007）。所以，为成员服务是合作社的（唯一）宗旨（唐宗焜，2012），是合作社组织功能的核心（苑鹏，2006），也是合作社的本质规定性之一（黄祖辉、邵科，2009）。农民专业合作社在保持农业家庭经营效率的基础上，通过专业化分工和内部化服务，以内部的横向一体化替代外部的

---

① 本书中农业社会化服务的"社会化"主要是指部分脱离生产环节的服务环节的社会化，即相对于家庭经营而言，是在专业化分工的基础上，转变农业生产经营方式，将原本孤立、封闭、自给型的体系转变为分工、协作、开放型体系的过程。

纵向一体化(张晓山,2009),既降低了外部化服务的不确定性及其产生的交易成本,又提高了农业分工与合作的效率。从农业产业化的角度看,农民专业合作社可以在产前阶段为成员提供统一农资供应服务;在产中阶段可以为成员提供生产管理服务(包括技术服务、栽培服务、收获服务等);在产后阶段可以为成员提供收购、加工服务。

由于农民专业合作社的特殊性,目前国内外学者还没有专门针对农民专业合作社服务功能方面的研究。根据以上一些概念的界定,本书认为农民专业合作社服务功能是指在一定时期内,农民专业合作社基于自身资源基础,为其成员提供农业生产经营活动中所需要的有关服务。

1.4 研究思路

农民的经济利益问题是"三农"问题的核心所在,小规模的家庭承包经营的方式有其固有的优势,但目前已无法满足农民基本的经济利益诉求,其突出表现为农民农业投入成本高、销售收入低、农产品缺乏市场竞争力。而农民专业合作社正是结合家庭承包经营的优势,为农户在家庭经营方式下干不了、干不好、干了不划算的生产或经营提供服务,以谋求全体成员的共同经济利益。农民专业合作社的本质,就是通过整合组织资源要素为成员提供服务以满足成员的服务需求,进而解决成员经济收益的问题。基于这一认识,本书沿着两条主线进行:一是围绕"农民专业合作社服务功能"进行整体性研究,即在分析农民专业合作社服务功能内涵的基础上,借鉴国内外农民专业合作社服务功能的理论与实践经验,设计农民专业合作社服务的系统分析框架;二是围绕"合作社服务内容"进行局部性研究,将合作社服务内容分为农资供应服务、生产管理服务、产品销售服务和产品加工服务等四个主要方面,并分别对其进行统一与对立相结合的论述。具体的研究思路框架如图 1-3 所示。

```
                        ┌──────────────┐
                        │   研究背景    │
                        └──────┬───────┘
              ┌────────────────┼────────────────┐
              │                │                │
        ┌─────┴─────┐                      ┌─────┴─────┐
        │  理论基础  │                      │  文献综述  │
        └─────┬─────┘                      └─────┬─────┘
              │     ┌────────────────────────┐   │
              │     │ 合作社服务功能的内容：   │   │
              │     │农资供应·生产管理·销售·加工│   │
              │     └───────────┬────────────┘   │
              │     ┌───────────┴────────────┐   │
              │──►  │ 合作社服务功能的分析维度： │  ◄──│
              │     │   需求·供给·实现·演进    │   │
              │     └───────────┬────────────┘   │
              │     ┌───────────┴────────────┐   │
              │     │  合作社服务功能的分析框架  │   │
              │     └───────────┬────────────┘   │
```

合作社服务功能的内容：
农资供应·生产管理·销售·加工

合作社服务功能的分析维度：
需求·供给·实现·演进

合作社服务功能的分析框架

服务需求分析
关键：成员资源禀赋
实证：成员层面数据

服务供给分析
关键：合作社资源基础
实证：合作社层面数据

服务演进分析
关键：资源基础+资源
积累
实证：案例合作社数据

服务实现分析
关键：资源基础+制度保障
实证：（合作社+成员）层面
数据

研究结论与政策启示

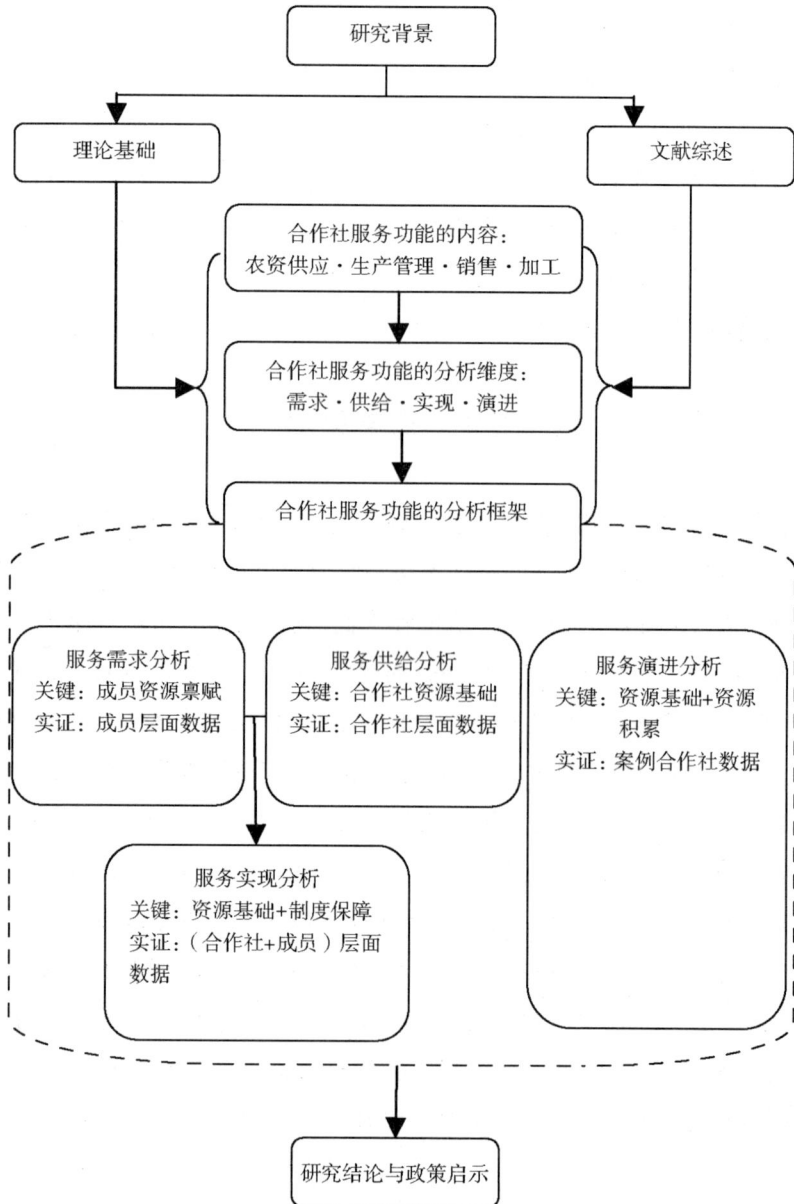

图 1-3　本书研究思路框架

1.5 研究方法

研究方法对于任何研究来说,都是至关重要的。选择合适的研究方法,正确、科学地运用这些研究方法,往往是研究工作能否取得成效的关键因素。本书基于国内外已有研究成果和实地调查数据,综合运用了文献研究、实地调查、计量分析和案例研究等研究方法,对农民专业合作社服务功能及其实现逻辑进行了深入研究。

1.5.1 文献研究法

文献研究是进行一项研究最基础,也是最核心的方法。文献研究法又称为室内研究法、资料研究法或文献调查法,是基于已有信息和资料进行检索、收集、整理、分析,以形成事实科学认识的方法(杜晓利,2013)。文献研究法不仅注重资料的收集,更注重对资料的分析,是具体研究工作的前提与基础,可以为研究工作提供思路、理论以及方法上的参考和借鉴。本书拟对农民专业合作社的服务功能进行一定探索式研究,对此,笔者充分利用学校图书馆藏书、网络数据库和互联网等资源进行了大量的、交叉的文献搜索、整理与分析。基于已有研究成果的分析,发现文献中对农民专业合作社服务功能进行系统性研究的成果较少,特别是内容较为分散,缺乏系统性研究和计量研究,但这些文献对本书的研究思路、研究框架仍具有重要的启发与借鉴意义。

1.5.2 实地调查法

实地调查是基于事先设计好的访谈问卷或调查问卷,按照特定的抽样方式所进行的实地调查,获取定量的或定性的数据资料。在定量实证分析的实地调查设计中,涉及两部分问卷,一是合作社层面的数据,二是成员层面的数据。为保证数据信息的真实性、可靠性和有效性,首先,课题组成员在正式调查之前进行了预调查,完善问卷后,对所有参与调查的课题组成员和招募的调查员进行集中调查培训,然后进行大规模的实地调查,最后召开调查总结大会,收集数据,并沟通、交流调查过程中发现的其他问题。调查主要是通过课题组成员、招募的调查员与农民专业合作社的社长、成员或其他相关人员的面对面访谈形式进行，并实时在每一份问卷上记录访谈现场情况，如是否单独访问、访问语言、被访者的配合情况等。在案例实证分析的实地调查设计中，分别从社长、成员、非成员、相关领导等四个角度进行深层次的、互为印证的访谈，以获取丰富的、可靠的数据信息。

1.5.3 计量分析法

计量分析法主要运用数学计量方法将有关影响因素固定，从而对复杂现象之间的内在的相关关系进行估计，通过实证研究方法发现研究变量之间的数量关系和规律，得出相应的结论或构建新的理论，是国际通用的管理科学的主流研究方法（马庆国，2004）。在具体分析时，本书采用二元 Logit 概率模型分析农民专业合作社对各项服务功能供给行为；采用多元 Logit 概率模型分析农户参与合作社后，以成员身份对农民专业合作社服务功能的需求行为；采用多元线性回归模型分析农民专业合作社服务功能实现程度的影响因素。

1.5.4 案例研究法

案例研究是基于丰富的定性数据，结合定量数据，对某一特定问题进行深入描述、剖析的方法（Yin，1994），适合探索某一特定现象背后的动态复杂机制（Eisenhardt，1989），尤其适合用于观察和总结组织内部的纵向演变机制（Pettigrew，1990）。案例研究是进行实证研究的重要方法（Yin，2002），在一定程度上能够弥补定量研究的不足（Yin，1994）。案例研究作为一种重要研究策略的意义和潜在科学贡献在国内已经广为接受，不容置疑。在本书中，重要创新之一就是尝试对农民专业合作社内部服务功能的实现路径进行分析，然而一方面由于农民专业合作社发展较晚，管理要求也较为宽泛，大量农民专业合作社的时间序列数据几乎没有可能获取，另外一方面，国内外尚未有类似的研究，从研究文献角度上也很难提出相应的理论模型。所以，本书尝试利用案例研究法，演绎、归纳农民专业合作社服务功能的实现逻辑。

1.6 研究结构

根据前述的研究思路与方法，本书共分为 9 章，具体章节的内容安排如下：

第一章是绪论。本章主要阐述了研究的背景并提出具体的问题，交代了研究目标和意义，界定了研究对象和核心概念，说明了研究思路和研究方法，给出了全文的整体结构框架，最后分析了本书可能的创新与存在的不足。

第二章是理论基础与文献综述。本章简要回顾了包括合作社理论、资源基础理论等基础性理论，并在此基础上，对国内外关于合作社及合作社服务功能研究的文献进行厘清，最后进行总结性地评述，阐明了合作社服务功能研究的已有成果及不足，并提出了合作社服务功能研究的关键点。

第三章是农民专业合作社服务功能及其实现逻辑。本章首先详细阐述了农民专业合作社服务功能的内容，并提出农民专业合作社服务功能的产生起源于现实中的必要性和技术上的可能性，发展于经济上的合理性和制度上的特殊性的观点。最重要的是，本章基于资源基础理论从需求、供给角度建立了农民专业合作社服务功能的实现逻辑，并在此基础上形成了农民专业合作社服务功能的理论分析框架。

第四章是调查设计与数据说明。本章主要对本书实地调查的调查对象、抽样原则、调查区域及调查内容情况进行了详细说明，并介绍了三个样本省份——浙江省、四川省和黑龙江省农民专业合作社的简要运行现状并对样本的基本情况进行了统计分析。

第五章是农民专业合作社服务功能的需求及其影响因素。本章基于3省531个合作社成员的数据，统计描述了样本成员的基本情况及对合作社的服务需求现况。随后，本章建立了农民专业合作社服务需求的实证模型，并利用成员层面的数据分析了影响合作社服务需求的相关因素。

第六章是农民专业合作社服务的供给及其影响因素。本章基于3省238个合作社的数据，统计描述了样本合作社的基本情况及对合作社的服务供给现况。随后，本章建立了农民专业合作社服务供给的实证模型，并利用合作社层面的数据分析了影响合作社服务供给的相关因素。

第七章是农民专业合作社服务功能的实现及成员福利。本章结合3省238个合作社的数据和531个成员的数据，着重分析了合作社服务功能对成员经济福利的改善情况，并对合作社服务功能的实现程度进行了全面描述。随后，本章建立了农民专业合作社服务实现程度的实证模型，并结合合作社层面和成员层面数据分析了影响合作社服务实现的相关因素。

第八章是农民专业合作社服务功能的演进及其驱动因素。本章基于农民专业合作社服务功能实现逻辑的理论框架，利用双案例的深度访谈资料，对其服务功能的演进进行了规范的案例研究。

第九章是研究结论和政策建议。本章归纳和总结了本书的主要研究结论，并在此基础上提出了促进农民专业合作社服务功能合理发挥、适度提升的主要政策建议。

1.7　可能的创新与存在的不足

目前，具有中国特色的合作社理论体系可能并未完全建立起来，但关于农民专业合作社理论与实践方面的研究已产生了诸多丰富的成果。特别是随着"大数据"时代的来临，信息与知识的交流和共享变得异常方便，学术研究的共同体逐渐兴起和繁荣，各种理论体系正日渐完善。因此，要做到真正的创新绝非易事。但 Wagner 和 Berger(1985)认为，深化(elaboration)、繁衍(proliferation)和整合(integration)都是理论创新的方法。所以，对本书而言，若必须说明创新之处，在以下方面可能进行了一些有益的尝试或探讨。

1.7.1　可能的创新

（1）研究内容的深化，即将服务功能作为研究农民专业合作社的选题，对农民专业合作社理论内容进行深化。"民主控制"与"服务成员"是农民专业合作社的本质规定性。民主控制是农民专业合作社的治理结构重点研究议题之一，一直以来都是合作经济领域的研究重点，理论体系较为完善。而服务成员是一种组织功能，属于组织运营层面的问题，因其本身内容繁杂、形式多样，又因政府干预、社会期望等众多不确定因素，而一直缺乏系统而深入的调查与研究，特别是对服务功能的内容缺乏统一的界定。本书遵从化繁为简的原则，对已有的关于农民专业合作社服务功能内容的研究成果进行分析归类，最终从农业产业价值链角度，将农民专业合作社的服务功能细分为四部分，即农资供应服务、标准化生产管理服务、产品销售服务、产品加工服务，从而为后续的研究提供了可能性。基于对农民专业合作社服务功能内容的细分,本书深化了对各项服务功能的经济合理性的分析,并且对不同产品特征的服务供求及实现程度的主要影响因素进行了比较研究。

(2) 理论视角的繁衍,即将企业的资源基础理论应用到农民专业合作社服务功能的研究上。本书借鉴企业管理领域的资源基础理论及思想,将其应用到农民专业合作社服务功能的研究上。本书认为,成员对农民专业合作社服务的需求是利益导向的,但以其家庭资源基础为考量;农民专业合作社对服务的供给是市场导向的,但以其组织资源基础为限;农民专业合作社服务的实现程度基于成员与组织的供求对接,也取决于农民专业合作社组织资源基础条件;农民专业合作社服务的演进是一个动态过程,资源基础决定了它的起点,资源基础上的资源积累决定了它的趋势。

(3) 研究方法的整合,即将计量分析法与案例研究法结合对农民专业合作社服务功能进行系统研究。计量分析法主要运用数学计量方法将有关影响因素固定,从而对复杂现象之间的内在的相关关系进行估计,通过实证研究方法发现研究变量之间的数量关系和规律,得出相应的结论或构建新的理论。本书基于计量分析方法实证研究了农民专业合作社服务需求、服务供给以及服务实现的影响因素。但是,由于目前尚未有农民专业合作社服务功能演进的类似研究,从研究文献角度上也很难提出相应的理论模型。所以,本书尝试采用案例研究的方式探讨农民专业合作社服务功能的演进。通过两种方法的整合使用,最终得出农民专业合作社服务功能实现的关键因素。

1.7.2 存在的不足

科学研究是一个不断探索和试错的过程。尽管本书在前人研究的基础上做出了少许的贡献,但也难免会出现诸多不尽如人意的地方。这些缺憾与不足也正是研究者在今后的科研探索中不断完善自我的动力。这些不足包括:

(1) 只关注了合作社的生产性经济服务功能。从选题的角度来看,本书选题的角度具有一定的开创性和现实必要性,但由于初次尝试该领域的研究以及笔者自身的能力有限,研究的内容还不够全面、具体。例如,只从产业价值链角度,关注了合作社的生产性经济服务功能。其实,合作社是具有经济属性与社会的双重属性的特殊企业(苑鹏,2006;唐宗焜,2007),具有不以营利为目标,追求经济发展、社会平等、自由进步的特质。它决定了合作社不仅关注成员的经济利益,而且关心社区的发展,特别是在减少贫困,创造充分有效率的就业机会,以及促进公平的、在政治上可接受的社会发展方面的潜力和作用是不可替代的(吴敬学等,2012)。此外,资金互助服务也将是合作社的主要服务功能定位之一。但本书主要只关注了合作社的经济服务功能及对成员产生的经济效益,没有能够深入探究其所带来的其他效益以及其他的服务功能。

(2)只考察了合作社内部成员对服务的需求情况。理论上,不是只有内部成员因素会对合作社服务需求、服务供给、服务实现和服务演进产生影响,外部非成员农户也是重要的影响因素或者是值得探讨的因素。特别是对于服务演进而言,外部农户也是合作社服务的潜在使用者,或有可能转化为合作社正式成员而使用合作社的服务。但因研究条件的限制,本书仅对浙江、四川、黑龙江三省的农民专业合作社及其内部成员进行了实地调查,没有能够充分考虑到内部成员与外部农户对合作社服务功能的共同作用。

(3)只调查了浙江、四川、黑龙江三省的示范社、星级社或发展较好的合作社。由于合作社服务功能涉及具体的合作社运营数据,而目前我国合作社多存在运行不规范等情况,数据较难获取,所以只选取示范社或发展较好的合作社。这当然不能代表我国目前阶段合作社服务功能的供求及实现情况,但可能代表了我国未来合作社服务功能发展的方向。我国地域广阔、地形复杂、资源各异,各地农民专业合作社的发展难免存在差异,所以研究结论只能说代表了一种趋势,尚不能完全地反映我国农民专业合作社服务功能供求与实现的全貌。

2　理论基础与文献综述

2.1　理论基础

2.1.1　需求与供给理论

需求指的是在某一特定时期内,针对某种商品或服务的各种既定价格,人们愿意且有能力购买或使用的商品或服务的数量。也就是说,需求不仅仅是购买欲(或使用欲)或者购买能力(或使用能力),而是指这两者的统一。有很多因素都可以影响到商品或服务的需求,比如说商品或服务自身的价格、消费者(或使用者)货币收入、消费者(或使用者)的偏好,以及消费者(或使用者)对未来的预期,等等。此外,商品或服务的需求还与其相关商品或服务的价格有着密不可分的关系,这里的相关商品或服务则指替代品和互补品两种。替代品是指几种商品或服务间具有能够相互替代性质的,且能给消费者(或使用者)带来近似满足度的商品或服务,其中一种商品或服务价格的上升可以引起另一种商品或服务需求的增加。而互补品则是具有相互补充性质的,可共同满足消费者或使用者同一欲望的两种商品或服务,其两者间价格与需求呈反方向变动。

供给是指在某一特定时期内,针对某种商品或服务的各种既定价格,生产者或服务提供者愿意且有能力为消费者提供的某种商品或服务的数量。和需求一样,供给也是供给意愿与供给能力两者的统一。很多经济和社会因素都会对生产者或者服务提供者的供给欲望以及供给能力产生作用,进而影响商品或服务的供给。这些因素主要包括商品或服务自身的价格、生产要素的数量与价格、生产者或者服务提供者的生产技术与管理水平、相关商品或服务的价格，以及生产者或者服务提供企业对未来的预期等。

需求与供给理论是由供求关系所衍生而来的理论。供给和需求会始终在其平衡点上下波动；但不会脱离平衡点而单边运动。当需求大于供给时，产品或服务的价格将上升；相反地，当供给大于需求时，价格便会下降。

当然，在某些领域也存在特殊的情况。合作社，严格来说，是农民自愿联合进行自我服务的组织，其服务价格几乎都是按照成本价，不完全受到供求关系影响，反而是服务价格是影响服务需求、服务供给与服务实现的主要因素。但供求理论仍为本书对合作社服务的需求、供给和实现以及它们的影响因素的研究提供了一定的理论借鉴。

2.1.2　农户行为理论

农户行为虽拥有行为的一般属性，但又因农户行为所面临的约束条件不同于一般行为或其他行业，因此农户行为研究又具有其特殊性（刘清娟，2012）。农户在作生产经营决策时，最大限度地满足家庭需求是其主要目的，主要包括追求生产的最低风险和追求利润的最大化。已有文献中，理性小农利润最大化论和风险厌恶论是两个主要的流派。其一，理性小农利润最大化论。西奥多·舒尔茨和塞缪尔·波普金是理性小农利润最大化论流派的代表人物，他们认为在完善的市场条件下，农户的经济行为是完全理性的。其二，风险厌恶论。风险厌恶论流派的学者们考虑到了"风险"和"不确定"因素，假定农户是对期望目标最优化追求的经济单元，进而对农户的行为进行研究。麦克尔·利普顿是风险厌恶论流派代表人物之一，他在代表作《小农经济和理论》中指出，风险厌恶是贫穷的小农处于生存需要的必然考虑。因为如果他们不能负担家庭基本需求的话，将会被饿死。所以，他们表现出的一些表面上看似不合理的行为，实际上是为了理性的"规避风险"。

农户是发展中国家最基本的农业生产组织，农户行为理论给研究农户对合作社的各项服务的需求方面的研究提供了理论基础和依据，它给我们的启示在于：农户作为农业生产经营的基本单位，虽然加入合作社之后，仍然是独立的生产单位，可以独立完成农业生产经营环节的所有活动。但合作社的服务剩余诱导追求效用最大化的农户参与其中,同时他们依然厌恶风险,这将成为合作社服务功能实现的一个重要限制因素。

2.1.3 资源基础理论

资源基础理论,是经济学和管理学共同研究的领域,具有明显的学科交叉特征。资源基础理论的思想起源可以追溯到马歇尔的租金思想,但学术界比较一致地认为资源基础理论是由 Penrose(1959)在其所著的《企业成长论》中最先提出的,并逐步发展成为企业战略管理领域的一个重要组成部分(郭红东等,2009)。资源,一般认为是各种物质要素的总称,包括土地、矿藏、水源之类的自然资源,也包括企业家才能、学习能力、认知能力等人力资源,还包括由劳动创造的各类物质资源。但经济管理学科中资源所代表的内涵与外延与一般意义上的资源有着一些区别。管理学中,资源的定义最先由Wernerfelt(1984)提出,他认为"企业可以在较长时间内拥有的无形或者有形的资产,诸如品牌、知识经验、具有高级专业技能雇员、内部管理流程、外部社会资本等一切能为企业带来优势或者劣势的东西都属于资源的范畴"。Barney(1991)在 Wernerfelt 定义的基础上进行了概念的扩展,他认为"资源应该是企业所拥有的,在战略层面能够为企业带来效率或改变效能的资本、信息、知识或者能力等,它能够为企业带来竞争优势或具有带来竞争优势的潜力"。可以看出,前期的研究对资源的定义范畴相当宽泛,基本上所有的生产要素和组织相关特性都可以视为资源的一种。随后的研究则更加深入和细致,对资源进行了更多具有操作性的定义。Grant(1991)认为资源是"生产过程中的要素投入,具体包括物质资本资源、金融资源、人力资源、技术经验、组织声誉和组织社会资源等六类资源"。Amit 和 Schoemaker(1993)认为,资源是"通过契约关系而建立起来的企业所拥有或能够控制的生产投入要素,这些要素经过企业组织的一系列的行为作用后,可以转化为最终产品或服务"。

农户是农业生产经营的最基本单位,也是一种组织,是组织目标高度一致并监督成本极小的一种组织;合作社是农户联合而成的共同体,也是一种组织,是为农户生产经营环节提供服务的组织。所以,企业的资源基础理论一定程度上也适用于农户与合作社的研究上:农户基于规避风险和追求效益的考虑,加入合作社并对合作社的服务功能产生需求,农户家庭的资源基础是其重要的约束因素;合作社由农户组成,基于实现全体成员的共同利益考虑,对成员提供各种服务,合作社拥有的资源同样是其保证服务能力及服务水平的重要影响因素。在市场经济日益发展的今天,合作社要更好地为成员服务,就要充分利用农村社会各种可利用的资源,并不断对资源进行积累,以增强内部成员和自身的发展实力,促进合作社服务功能的实现。

2.2 文献综述

2.2.1 关于合作社服务功能重要性的研究

《牛津法律大辞典》将合作社定义为"那些分享其服务利益的人所拥有和经营的组织"。Helmberger 和 Hoos 也认为,合作社其实就是从事商业活动的人联合在一起为他们的共同经济体和社会提供服务和利益,而他们联合的主要原因是现有的企业未能为农民的利益服务(Helmberger et al.,1962)。合作社可以通过自身的经济活动,为成员提供行之有效的综合服务(吴敬学等,2012),使加入合作社的农民能够实现农产品销售和农业投入品购买的目标(Helmberger et al.,1962)。黄祖辉、邵科(2009)认为,以满足成员利益为宗旨和组织发展导向的自我服务本质规定性及以一人一票为基础的民主控制本质规定性,曾极大地促进了合作社的早期发展。应瑞瑶、何军(2002)指出,在合作社的诸原则中,成员经济参与(即服务使用)原则是两项根本性的原则之一,是合作社亘古不变的本质规定性之一,成为合作社实现价值的最主要途径(黄祖辉、高钰玲,2012),这也是合作社与企业组织最大的不同(苑鹏,2006)。毕美家(2014)也认为,已经有 170 多年历史的合作社,其经济社会价值为世界各国所认可,主要原因就是合作社在服务成员方面取得的成绩。

合作社服务功能对于成员生产经营活动的重要性主要在于,合作社可以通过向其成员提供农资供应、农产品销售、农产品加工等统一服务,以帮助解决成员在现代市场经济发展中遇到的各种困难(Bijman & Hendrikse,2003;Sanderson & Fulton,2003;Baker & Theilgaard,2004;Fulton,2005;World Bank,2006;任国元、葛永元,2008;Hellin et al.,2009;Bijman,2010)。合作社服务功能不仅能够降低成员的生产经营风险(Sexton & Iskow,1988;Bijman & Hendrikse,2003;黄祖辉等,2000、2008;高帆,2009),也能够节约成员的交易成本(Sexton & Iskow,1988;Royer,1995;Ollila & Nilsson,1997;Nigel et al.,2000;杨明洪,2002;池泽新等,2003;蔡荣,2011),并提高成员的市场地位(Moore,1994;Sharma,2007;唐宗焜,2007;黄祖辉等,2000、2008)。但合作社服务功能最为重要,也是最为直接的重要性则体现在能够为成员的利益服务从而提高成员的经济收益(Sexton,1986;潘劲,1997;黄祖辉、王祖锁,2002;Jayne et al.,2006;Falco et al.,2008;姜广东,2009;黄宗智,2010;黄季焜等,2010;吕东辉等,2010)。此外,合作社在服务成员的同时,对周边农户也会产生一定的辐射带动作用(黄祖辉、徐旭初,2003)。

2.2.2　关于合作社服务功能目标的研究

Enke(1945)认为,合作社理论和厂商理论是类似的,厂商理论可以用于合作社,视合作社为厂商类型中的一种。合作社同厂商的本质区别来自于合作社应按成本交易,而厂商则追求利润最大化(Novkovic,2005)。French (1977)提出,合作社像企业和公司一样,通过积极有效的生产将农产品分配到市场上,满足消费者的需求。合作社面对两种类型的需求,一种是合作社成员对合作社提供服务的需求,另外一种是消费者或者其他企业对合作社产出的需求。合作社的竞争力取决于它们提供服务的效率水平。新古典经济学理论认为,合作社通过扩大其经营规模,实现合作社成员的盈余最大化和社会福利最大化,同时合作社也在竞争过程中改善不完备的服务功能,合作社通过服务功能的实现、产生和发展达到整个社会经济盈余增加的目的。Vay(1983)指出,合作社不是在价格上竞争,而是为使合作社成员的交易成本最低进行服务,合作社的最大目标是为了给成员带来更多的盈余分配。Rhodes(1983)认为,合作社的最大目标就是给其成员提供最大的规模报酬,为了同其他提供类似服务的企业进行竞争,合作社必须具有较高的运行效率。赵鲲、门炜(2006)从合作社与有限责任公司的比较中发现,合作社成员合作的基础是都从事性质相同(或)相似的劳动,从而具有共同的需求,合作社运作的目标是为成员从事这种特定的劳动提供服务,满足成员们共同的需求。

2.2.3 关于合作社服务功能发展的研究

黄祖辉等(2002)通过对浙江省合作组织发展现状的探讨发现合作组织的服务内容主要以低成本的技术、信息服务为主，并认为这在相当程度上受制于专业合作组织自身的经济实力。在专业合作组织服务的内容和手段上，不要强求一律，应坚持多样化发展原则，毕竟各地经济、社会发展程度不一，农民的需求不同，专业合作组织的实力也各异。Richard(1990)认为，许多农产品市场的重要特点都是以昂贵的费用运输初级农产品，几乎都不经过加工处理。通过分析寡头垄断中的价格行为、空间市场，他推测合作社可能会对竞争对手的不合作产生一定影响，合作社成员数量和价格政策则会影响合作社的竞争力。Feinerman 和 Falkovitz(1991)建立了一个服务型多目标合作社的运行模型，其中成员被看作既是生产者又是消费者，合作社对成员的服务影响成员的生产函数，进而影响成员的生产力和收入，而成员收入转而影响消费效用函数。刘婷(2009)认为，合作社为成员提供产前、产中、产后等一系列服务，也为成员在技术、信息、资金、采购、加工、销售、储运等环节开展互助性合作提供了平台。吴敬学等(2012)认为，合作社向农户提供产前、产中、产后有效服务，是实施农业产业化经营必不可少的手段，并指出由于农民专业合作经济组织植根于农民之中，因此，对农户的服务最直接、最具体，从而成为农业社会化服务体系中不可取代的重要组成部分。最为突出的是农民专业合作社为当地农村的科技推广服务提供了一个新的依托载体。农民专业合作经济组织通过向成员提供技术、市场和政策信息等服务，促进了农业新技术、新品种的普及和推广，成为推进农业产业化经营，建设现代农业的重要载体。孙浩杰(2008)指出，我国各省份的合作社经营内容相似，主要是提供信息与技术服务，对于农产品深加工和综合营销业务涉足较少。

随着农业现代化的不断发展，合作社服务功能不断拓展。姜长云(2005)认为，合作社单个组织服务功能逐步增强、辐射面逐步拓展、服务层次逐渐提高，但单个组织的服务功能在总体上仍然较弱，主要停留在没有产权关系松散的自我技术性服务。杨承建(2007)指出，日本农协作为群众基础较为广泛的农村社区综合性服务组织，对日本农业发展影响较大，其综合服务功能主要包括：生产资料集中采购与供应、信用合作、农业生产指导、农产品销售、公共设施建设维护服务,以及农民保险与社会福利服务等。其中,提供农产品销售服务是日本农协的主要工作。唐宗焜(2007)认为,合作社在市场进入、购买农业生产资料、农产品销售、种植业和养殖业的产业升级、产品加工、就业创造和保障、金融支持、社会保障、社区发展等方面都有着重要的服务作用。崔蒙蒙、李中华(2011)以蔬菜产业为例,认为合作社在蔬菜产业发展中具有较强的服务功能:以低廉的价格为成员提供种子、农药、化肥、种苗等生产资料,以较高的价格销售成员生产的产品;提供技术和信息服务,给成员提供学习交流的机会和渠道。

但合作社服务功能在发展的同时也面临着一些问题。何安华、孔祥智(2011)通过对合作社和农户调查资料的统计分析,发现当前我国合作社与农户服务供需对接处于结构性失衡状态,并认为造成这种结构性失衡的重要原因是合作社成员异质性和资金短缺。黄祖辉、高钰玲(2012)利用实地调查数据研究也表明目前我国不同产品类型的农民专业合作社服务功能并未完全实现。唐华仓(2008)认为,仍有必要拓展合作的领域,拓展服务的功能,发展多功能的农民合作社,为成员提供产品统一销售、农资统一供应、资金互助合作、技术信息服务,乃至日用品采购、法律咨询等全方位的服务,增强合作社的活力和生命力。黄季焜等(2010)认为,未来我国的农民专业合作社服务功能的发展应给予组织发展的利益条件和激励农户积极参与更多的关注,妥善处理好组织发展内部动力与外部推力,特别是与政府支持之间的关系。

2.2.4　简要评述

国内外学者对于合作社的研究随着国际合作社的发展而日益丰富,学者对于合作社存在的合理性解释,以及产权、组织制度、决策、投资、治理结构、异质性、成员利益、代理行为、集体行动、效率等问题进行了深入系统的理论与实证研究。而对于合作社的服务功能,现有研究或将研究对象定位为合作组织或合作经济组织的服务功能,而农业合作组织或合作经济组织的概念与合作社的概念相较要宽泛得多;或是仅在研究合作社发展现状时涉及农民专业合作社服务功能的进展与不足;或者仅限于描述性地介绍合作社的经济功能、社会功能或其他功能,抑或仅聚焦于合作社在特定领域的特定服务功能的研究,而缺乏对合作社服务功能的系统分析。尤其是对合作社服务功能各影响因素缺乏实证研究。

此外，值得注意的是，关于合作社服务功能的研究大都没有统一的视角，导致对服务功能内容的界定比较零散，经济性的服务与社会性的服务往往混为一谈，从而很难对其进行深一步的研究。

基于此，本书从农业产业价值链的角度，对合作社服务功能的内涵进行界定，借鉴相关的理论基础和已有的研究成果，并结合中国农民专业合作社发展的实际，从服务需求、服务供给、服务实现、服务演进四个维度，系统地分析中国农民专业合作社的服务功能问题。

3 农民专业合作社的服务功能及其实现逻辑

获得农民专业合作社为自己所提供的服务，是广大农民自愿联合形成农民专业合作社的最主要目的，以期能够从这些服务中获得实际的利益。所以，农民专业合作社能否实现其服务功能以及能够实现到什么程度，都关系着全体成员的根本利益。

3.1 农民专业合作社服务功能的内涵

任何一个组织都是为一定的目的而组建起来的，组织目的是管理者和组织所有成员的行动指南，组织的经营管理也必须围绕组织的目的展开。当然，不同组织有着不同的目的，与其他组织形式相比，农民专业合作社的组织目的是为成员提供农业服务，以改善成员的福利。我国《农民专业合作社法》不仅界定了农民专业合作社的定义，也在服务对象和服务内容上界定了农民专业合作社的服务功能："农民专业合作社以其成员为主要服务对象，提供农业生产资料的购买，农产品的销售、加工、运输、贮藏以及与农业生产经营有关的技术、信息等服务。"

虽然，农民专业合作社承载着很多的外在期许，并不完全只有一般的经济作用，也承担着部分社会或政府职能，但合作社之所以能够被世界认可，毫无疑问是其经济功能。所以，本书只关注农民专业合作社作为经济组织为成员提供关于农业生产经营方面的服务内容。进一步而言，本书中农民专业合作社服务功能是指在一定时期内，农民专业合作社在不同资源拥有水平下，为实现成员的农业生产经营需要而提供的服务内容。这一概念包括两个层面的含义：第一，农民专业合作社的服务功能是一种属性，是满足成员农业生产经营需求的一种属性，具有客观物质性和主观精神性；第二，农民专业合作社服务功能的实现会受到农民专业合作社资源拥有量的限制。

农民专业合作社的服务是因农业产业内部分工和外部关联而产生的专业化、市场化和社会化的生产性服务（龚继红，2011），是新型农业社会化服务体系的重要组成部分。它可以在保持农业家庭经营效率的基础上，通过专业化分工和内部化服务，以内部的横向一体化替代外部的纵向一体化（张晓山，2009），既降低了外部化服务的不确定性及其产生的交易成本，又提高了农业分工与合作的效率。从农业产业化的角度看，农民专业合作社在产前阶段可以为成员提供农资供应等服务；在产中阶段可以为成员提供生产管理服务（例如技术服务、栽培服务、收获服务等）；在产后阶段可以为成员提供收购、加工和营销服务。基于此，本书从农业产业价值链角度，将农民专业合作社的服务功能概括为农资供应服务、生产管理服务、产品销售服务和产品加工服务等四个方面（见图3-1）。

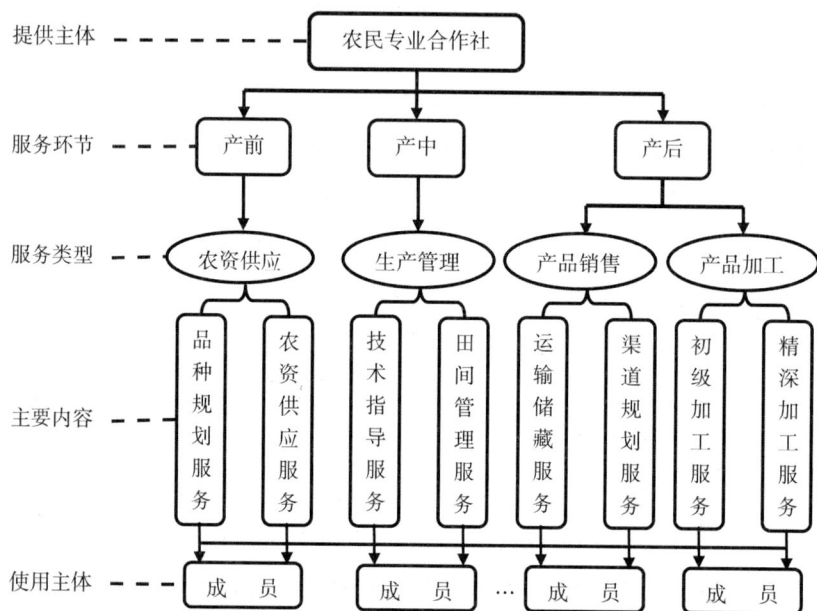

图 3-1　农民专业合作社服务功能的内容

3.1.1 农资供应服务

农资,即农业生产资料,一般是指在农业生产过程中用以改变和影响劳动对象的物质资料和物质条件,如种子、幼苗、农药、化肥、农膜、农业运输机械、生产及加工机械等。农业生产资料保质保量的供应是农业正常生产经营的前提。农民增加收入,无非两条途径,一是"赚钱",另一个就是"省钱"。农民专业合作社为成员提供的农资供应服务具体包括种子、幼苗、农药、肥料、饲料、薄膜等农资的统一供应。农民专业合作社通过统一购买,或由合作社自有农资商店以成本价为基础为成员统一供应这些物资,节约了成员的农业生产投入品的成本。此外,成员还可以通过合作社使用一些品种优良或者技术含量高的农资。例如合作社自主研发或科研机构开发的有机肥料的使用。随着生活水平的逐步提高,人们对安全卫生的有机、绿色、环保的食品需求不断增加,有机肥的使用可以大大提高成员生产经营的农产品的市场竞争力。

3.1.2 生产管理服务

生产管理服务主要是指在生产过程中统一进行科学管理,统一进行病虫防治、统一进行农业机械的购置和调配使用等。目前,农业生产的一般性生产技术指导最为普遍,呈现向标准化生产管理服务发展的趋势。农业标准化生产是指以农业为对象的标准化活动。具体来说,是指为了有关各方面的利益,对农业经济、技术、科学、管理活动中需要统一、协调的各类对象,制定并实施标准,使之实现必要而合理的统一的活动。其目的是将农业的科技成果与多年的生产实践相结合,制定成"文字简明、通俗易懂、逻辑严谨、便于操作"的技术标准和管理标准向农民推广,最终生产出质优、量多的农产品以供应市场,不但能使农民增收,同时还能很好地保护生态环境。

3.1.3 产品销售服务

众多的农户与中间商的交易环节是当前农产品供应链中最为薄弱的环节。家庭承包制使农户作为独立的生产经营主体,自主面对市场,自负盈亏,这调动了农户的积极性。但同时,这使农民必须独自解决生产经营所有环节的各种问题。而交通的限制、信息的不对称都造成了农民的"卖难"问题,因销售环节而损失惨重的实例举不胜举。而合作社的产品销售服务能够为成员提供稳定的销路或较高的价格，这也是众多农户加入合作社的主要原因（黄祖辉、高钰玲，2012）。

3.1.4 产品加工服务

目前来看，产品加工服务主要是指在产品销售服务后，由合作社统一进行的对成员所生产的农产品提供初加工服务和深加工服务。农产品加工是建设现代农村经济的重要支柱，是促进农民就业增收的重要渠道。21世纪以来，我国农产品加工业持续发展，已经成为农业领域的基础性、支柱性产业。但更进一步看，我国农产品加工业依然泛而不专、大而不强，缺少专业化的加工企业。很多以手工操作为主的加工企业，设施简陋、方法原始、工艺落后，极易出现生产效率低、产品质量不稳定以及浪费严重、污染环境等问题。而对于小规模生产经营的分散农户而言，加工机械设备的购买投入过大，无力承付或购买了也不划算，而合作社正好可以使农民联合起来共同投资、使用加工设备（农业部农产品加工局，2014），这对于提升农产品加工机械化水平，降低生产成本，提高经济效益，保证产品质量，促进农业增效农民增收等都具有十分重要的意义。

3.2 农民专业合作社服务功能存在的合理性

存在即有其合理的原因。笔者认为，农民专业合作社服务功能的产生起源于现实中的必要性和技术上的可能性，发展于经济上的合理性和制度上的特殊性。

3.2.1 合作社服务功能的现实必要性

1. 弥补服务缺失

随着农业市场化进程的推进，家庭经营方式既需要产前、产中、产后多环节的社会化服务，也需要与之相适应的组织形式，以降低分散经营的交易成本及其市场风险。

其实，可以为农户提供农业社会化服务的组织种类并不少，我国也基本形成了初步的农业社会化服务体系,大致可以分为政府主导型、市场主导型、合作组织主导型等三类服务供给模式。政府主导型服务模式①虽然建设速度快、投资能力强、受益范围广,但是,在政府主导的服务供给模式下,建设及改造投资缺乏竞争的压力,因此经营动力不足,造成服务供给不到位;同时,由于缺少横向竞争,所提供的服务往往品种匮乏且质量较差,农户通常处于被动接受地位,不能很好地发挥农业社会化服务在农业生产经营中的作用。此外,政府所提供的服务往往不能很好地适应农户需求,即农户迫切需要的服务没有供给,而不需要的或不重要的服务又供给相对过剩,容易出现供需不平衡甚至脱节。市场主导型服务供给模式下,经营者以盈利为目的,在竞争的外在压力下,会尽量提供有利于农户生产经营的、适合农户需要的高水平高质量的服务,以赢取市场份额,提高自己的盈利水平。但是,农村地区还比较分散,投资成本较高,更加重了企业服务供给的难度。私营企业都是以盈利为目的为农户提供服务的,必然造成服务供给和需求具有较强的不确定性。市场主导型服务供给是以市场信号为导向的,当市场信号显示有利可图时,经营者会继续提供服务;当市场信号显示无利可图时,经营者便会放弃提供服务而投资于其他领域。

这些都不能切实有效地解决农民产前、产中、产后的服务需求,更不能真正代表农民的利益。幸而近年来,以合作社为主力的合作组织主导型服务供给模式②以非营利性、自治性、公益性为特征,逐渐成为农户服务供给的主要模式,弥补了农业生产服务的缺失。合作社的服务动力来源于其自身需求及利益的实现。合作社服务供给模式具有以下优点:第一,服务内容针对性强。合作社与农户有最直接、最密切的接触,真正了解农户在哪些方面薄弱、最需要什么服务。因此,其所提供的服务也更有针对性和实用性。凭借着与农户

---

　　①　政府主导型服务供给模式是指根据国家制定的农业社会化服务发展规划目标,由中央及地方政府制定农业社会化服务发展方案,并由相关部门提供财力、物力及人力进行支持,组织农业社会化服务运行管理的供给模式。这种模式在体系结构上主要有政府有关专业经济技术部门、与农业直接相关的国家事业单位(如各级农业技术推广站、农机站、水保站、林业站、畜牧兽医站、水产站等)、村集体以及农业院校、农业科研院所等。

　　②　合作组织主导供给模式是指在农业社会化服务领域,农业经营者在政府支持推动下或自发组织起来形成一个团体,代表农户利益,为农户提供各种社会化服务的供给模式。这种组织的参与主体是农户,形式主要有农民专业合作社、专业协会、专业联合会等。为农户提供的服务主要有专家咨询、技术培训、信息收集、产品销售等服务。

天然的联系,合作社在为农户提供服务方面有着明显的优势。第二,服务形式多样灵活。自助式服务组织在运作上采用平等、参与式的组织结构,能够避免政府的官僚作风,切实地为农户办实事;在指导宣传、政策实施方面起到桥梁纽带作用,提供服务时有低成本、高水平、多变灵活的优势,在一定程度上弥补了政府提供农业社会化服务资金短缺的不足。第三,服务质量极高。合作社自身不以盈利为目的,而是以自身需求为导向,倡导自愿互助的精神,谋求成员的最高利益。在这样的动力机制下,组织服务的目标明确,具有很强的激励作用,在一定程度上弥补了市场缺陷,确保了服务质量。

2. 追求规模效益

实行家庭联产承包责任制毕竟只限于对生产力的解放而不是进一步的发展,构建明晰的产权制度只是部分解决了农业经营体制改革与大市场接轨的问题(牛若峰,1999)。小农户与大市场的矛盾要求进行新的改革,合作社①应运而生,成为在家庭经营基础之上的有效实现专业化分工与合作的服务组织。合作社为农户提供产前、产中、产后相关服务,克服农业利益流失、农户进入市场交易成本过高等问题,完成单个农民办不了、办不好、办了不合算的事。合作社作为一种连接农民与市场的组织形式,为农民提供农资供应、产品销售、市场信息、技术交流等各类服务,通过降低交易成本等方式解决农户分散、小生产与大市场的对接问题,实现规模效益。

3. 强调成本经营

在合作社里,组织所有者与服务使用者合而为一,成员不仅是合作社的所有者,而且是合作社服务的使用者。合作社是植根于农户之间,为农户提供最直接、最有效的服务组织。但更为重要的是,合作社的服务供给是基于成本经营原则而进行的,以实现组织成员整体利益最大化为根本目标的。在运作的过程中,合作社还可以积极寻求政府财政及社会的支持与帮助,通过与其他企业或部门建立合作关系等渠道获得相关支持,从而为成员开展各项生产经营服务。在经营过程中,成员可以享受合作从事某项生产经营活动中获得的利益,形成共享利益的投资合作机制。

---

① 这里的合作社特指中国新型的农民专业合作社。

4. 谋求产品附加值

合作社对内强调成本经营,但对外是合法的市场主体,可以基于合作社资源基础,以市场为导向,对产品进行初加工和深加工,提高最终产品附加值。据有关部门资料显示:2004 年我国农产品加工业产值与其产值之比,按小口径计算为 0.72∶1,农产品加工率为 30% 左右。而发达国家的农产品加工业产值与其产值之比一般为 2∶1～3.5∶1,加工率为 80% 左右(张晓山,2006)。经营分散的农户,社会化服务程度低,生产上"靠天吃饭",对于市场的价格波动也无法"逆向调节",农户同现代农业的产前、产后环节机械隔离,无法实现类似工业生产的外部规模经济,农产品附加值低。而农户联合组建合作社,通过合作社进入加工产业,可以将农业产业的附加值利润保留,最终通过合作社的惠顾返还或投资机制而获得附加值的效益。

3.2.2　合作社服务功能的技术可能性

农业生产环节的可分性为合作社服务功能的存在提供了技术可能性。农业生产是指人类以土地为基础,利用生物机体的生命力,将外部环境中的物质与能量进行转换,以获取人类所需。自然再生产是农业产生的基础,但作为人类的经济活动,农业生产一定有人类劳动的加入,这就决定了它同时又是一个经济再生产的过程。自然再生产与经济再生产相交织是农业生产的本质特点,决定了农业生产与工业生产的根本性区别。机械性的工业生产可以将每一个零部件、每一个环节独立开来,进行专业化的生产。但农业生产是以动植物有机体为劳动对象的产业,而动植物有着确定的生产周期,整个自然生产过程也必须是连续的、不可分割的。其自然生产过程时序性和空间性明显,不同时期的不同作业基本都可以由同一劳动者单独完成。因此,为了降低成本、增加收入,农户往往会充分利用时间,把自己打造成一个全把式的劳动者,既会耕地播种,又会洒药施肥,还会收割晒谷,农户相互之间的分工较少(李武,2009)。但随着生产力的提高和市场经济的发展,即使农业生产的自然生产环节仍不可分割,其他外部主体可介入的经济再生产环节正逐渐可分割化。例如,种植业的产前环节可以细分为种苗规划环节、品种开发环节、设施建设环节、农资购买环节等;产中环节可以细分为洒药环节、施肥环节、收割环节、植保环节等;产后环节可以细分为运输环节、贮藏环节、加工环节、销售环节等。

假定一个农产品 P 从生产到销售的全部农业生产过程可以分为 n 个独立操作环节，每一环节都存在要素的最佳配置，但每个环节的要素最佳配置是不相同的。对于单个农户而言，一定可以寻找到要素配置为最佳的 $k(k\leqslant n)$ 个阶段，而剩余的 $n-k$ 个阶段，由于知识有限，或劳动力不足，或工具的限制，或时间的紧迫等各种约束条件，单个农户完成的生产成本过高，预期利润不能实现最大化，农民自然会产生外部服务的需求。即：

在第 k 个环节，$\sum SC_k \geqslant \sum PC_k$

在第 $n-k$ 个环节，$\sum SC_k \leqslant \sum PC_k$

其中，SC 表示农户选择外部组织提供农业服务的成本，包括寻找家庭外部服务所付出的单位生产费用和因费用问题谈判、签订合同、监督执行、违约风险等单位交易成本；PC 表示农户独立完成的单位生产成本。

基于农户的理性假设分析，农户将选择在 k 阶段独立作业，在 $n-k$ 阶段寻求外部服务，而合作社正是能够在 $n-k$ 阶段为农户提供他们干不了、干不好、干了不划算的服务的组织载体之一。

随着科学技术的不断进步和市场经济体制的不断完善，我国现代农业的发展趋势是可独立操作的环节 n 不断增大（龚道广，2000），而正是这种农业生产经营环节上的可分性，促进农户对农业生产环节服务的需求，为合作社服务功能的存在提供了技术上的可能性。

3.2.3 合作社服务功能的经济合理性

合作社存在的价值是能够为农民成员提供服务，进而实现成员的农业生产收益利益最大化。所以，合作社的每一项服务都以成员效益为中心，使成员效益增加是合作社服务功能存在的价值（见图 3-2）。

1. 农资供应服务

农业生产资料是整个农业生产的基础，是农民进行农业生产的前提条件。农资的有序化供应则显得尤为重要。改革开放之后，农资市场逐渐放开，农资经营渠道和主体开始多样化，特别是个体农资经营户遍布乡野，基本上每个生产队都会有个体农资经营户，由于距离较近、甚至可以延后付款等优势，农资市场成为农民获取农业生产资料最方便、最直接也是最主要的场所之一。但是由

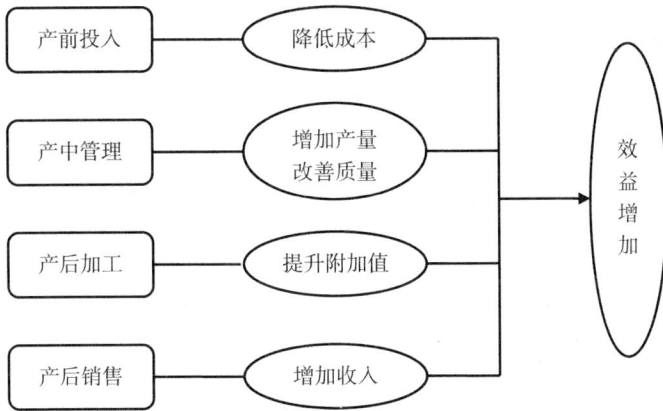

图 3-2 农民专业合作社服务功能主要价值的实现路径

于市场监管能力和范围有限,农资市场相当混乱。主要表现有:进货渠道乱、经营品种乱、商品价格乱、假冒伪劣产品多、市场的信息不对称性严重。一方面农资市场供大于求的形式日益严峻,不同供应主体各显,农资批发商享有农资的主要定价权,一些农资生产商(特别是小型农资生产商)缺乏远见、急功近利,往往为牟取暴利而造假售假。而农村众多的个体农资经营户,市场对其准入门槛较低,文化程度、专业知识等基本是零要求,当然这在市场开放初期对农村农资市场的发展、为农民降低农资购买成本有着举足轻重的作用。但随着商品化时代的发展,市场乱象的增加,这种个体农资经营户对售卖的农资质量难以识别,甚至知假卖假等问题突出。相关部门每年都在打假治假,并且每一年的效果都可喜。据农业部相关数据统计称:"2013 年各地各有关部门检查农资企业 97.8万家次,整顿农资市场 34 万个次,查获各类假劣农资 3.9 万吨、伪劣农机具 4.6万台件、捣毁制假窝点 73 个;严惩了一批违法犯罪分子,全国共立案查处假劣农资案件 6.2 万件,检察机关批捕 65 件,起诉 64 件,各级法院共审结 56 件,生效判决 83 人。农民利益得到更好维护,共受理投诉举报 1.2 万余件,为农民挽回直接经济损失 8 亿余元。"但是在这些数据的背后,我们不禁思考,有这么多打假的成果,必然有着更多的制假事实。所以,农民依据自己的能力,想要完全了解每种农资信息的搜寻成本较高,甚至有时只能以实际生产去检验,进而时常出现无用肥料、无效农药等耽误农业生产的事情。

合作社的出现一定程度上缓解了这个问题。合作社是基于一群同类农产品的生产经营者而创建的，其成员是一个利益共同体，将市场内部化。合作社以成员生产经营的农产品为主，为全体成员选择质量可靠、品种合适的农资，并以成本价供应。如此，既节约了事前成员对农资信息的搜寻成本、议价成本等交易成本，也解决了事后的监督成本和维权成本。更为重要的是，农资的成本价供应制度，对于成员来说，有着最为直接的、最为可见的降本效益。

合作社由同类农产品的生产经营者联合而成，可以统一以"成本运营原则"为成员提供农资供应服务，降低生产投入成本，维护成员的经济利益。

以农资 M 交易为例。假设不存在合作社，农户进行分散交易。农资 M 的供应商卖方具有市场完全信息，在谈判中具有垄断地位；分散的农民作为买方，不拥有市场完全信息。如图 3-3 所示。

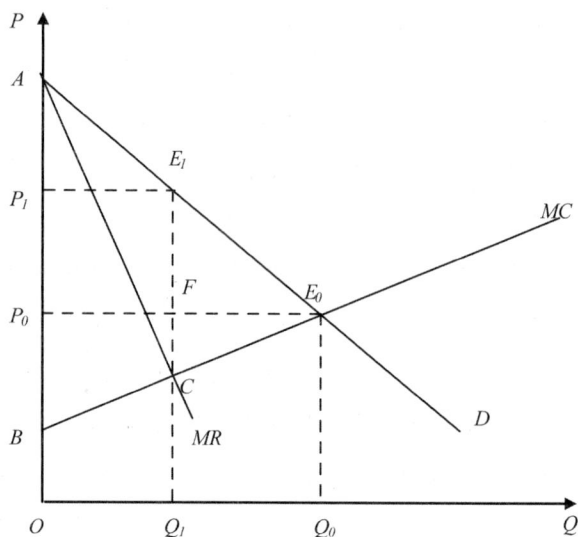

图 3-3　买方垄断市场的农资交易

MC、MR、D 分别为农用物资供应商的边际成本曲线、边际收益曲线和农民的需求曲线。农户与买方的谈判能力相当，E_0 为均衡点，均衡价格为 P_0，成交量为 Q_0。此时，农民剩余为 $\triangle P_0 E_0 A$，供应商剩余为 $\triangle P_0 E_0 B$。

由于农户谈判地位低，供应商处于垄断地位，垄断条件下的均衡点为 E_1，价格为 P_1，成交量为 Q_1。

此时，农民剩余为 $\triangle P_1 E_1 A$，供应商剩余为梯形 $BCE_1 P_1$。

与 E_0 相比，农民剩余的减少量为梯形 $P_0 E_0 E_1 P_1 = \triangle P_0 E_0 A - \triangle P_1 E_1 A$。

在谈判地位不对等的情况下,农户损失了梯形 $P_0E_0E_1P_1$ 所代表的经济利益。

因此,农户联合而成合作社,尽量克服信息不对称的劣势,凭借组织力量提高谈判地位,谋求市场均衡,使价格重新回到 P_0,以维护自己的经济权益,降低农业生产的投入成本。

2. 生产管理服务

对农业生产管理服务的狭义需求仅指对农业生产技术及信息的需求,广义需求则指对农业生产过程中的标准化操作进行全过程管理的服务。在传统农业中,农户是一个"全把式"的农业生产者,自留种子、自己耕作、独自收割、亲自贩卖,完全靠地生存、看天吃饭。随着农业的发展,农业技术及信息对农业产出率的作用日益明显并被农民普遍接受。唯有科技才能使农业实现跨越式发展,亦已被国外农业发展历史所证明。时至今日,生产管理服务最主要的内容也还是农业技术及信息服务。目前,农民获得农业技术和信息服务的主要途径有:(1)国家农业技术推广部门。国家农业技术推广部门是为农民提供先进农业生产技术和信息服务的主体组织。国家农业技术推广部门覆盖面广,资源优势明显,体制内有大量高等院校的技术人才。不可否认的是,国家农业技术推广部门对于推广先进技术、进行重大病虫害预报预测等作用是十分明显的。但由于体制庞大、管理层级较多、人员激励不善、工作地点较远等问题,服务范围、服务态度、服务效果都不尽如人意,普通农民获取其服务的交易成本比较高。(2)农业院校和科研院所。农业院校和科研院所在相关政策法规的鼓励和支持下,正逐渐走向产、学、研协同发展的道路,结合良种开发、科学施肥、有效防治等先进科学技术的研究,对农民进行具体的指导,将其研究成果推广到农业生产中,进行科技成果转化。但农业院校和科研院所提供的服务也有一定的局限性,他们往往更注重服务行为本身,并不一定关注服务的结果,为农民提供的服务也有一定的即时性和随机性,双方关系黏性不牢,农业院校和科研院所对农民进行技术指导的生产结果并不承担责任,因此,农民对其信任的培育需要一定的时间。(3)农业技术能手。中国的农民从来不缺乏学习能力和互帮互助的精神,当附近有一些科学技术意识比较强的农民掌握了新近的技术,并取得一定成功时,农民就会向其学习并付诸实际行动。邻里的这种科技示范作用效果对农户作用最明显,对于农户而言,风险较小,成本也最低。(4)农资企业。这里的农资企业包括农业生产资料生产企业和销售企业。农资企业一般会以区域生产为基础，结合当地农民的生产实际，研发具有地域适用性的产品并进行适当的技术指导（或使用说明），是农民获得技术指导的相对简单和可靠的途径之一。但农业生产资料生产企业和销售企业之所以为农民提供生产技术服务，是为了销售其产品，其本质目的是追求自身利益的最大化。与此相较，农民利益必然受到一定损害。特别是有一些不正规、缺乏责任心的企业，难免做出损害农民利益的事。但由于普通农户的生产方式也较为粗放等原因，农户对损失的原因、损失的程度都很难精确核算，又因为农业生产的季节性、周期性，改变生产的现实也几乎不可能。农民只有在生产遭遇严重损害时才会选择维护合法权益，但往往也会因举证的艰难与过程的烦琐而造成维权成本太高，而最终不了了之。所以，农业企业是农民获得生产技术服务较多但又有风险性的途径。

随着社会经济发展和人们生活水平的不断提高，消费者对农产品的要求不再局限于温饱，而是越来越注重营养，对水果、肉蛋奶等高营养的农产品需求呈刚性增长；随着接连不断的食品安全事件的爆发，如"三鹿奶粉事件"、"恒天然肉毒杆菌事件"、"毒生姜"、"瘦肉精"、"牛肉膏"、"染色馒头"、"日本毒大米"、"日本有毒速冻食品"等，消费者对农产品的要求不再局限于数量，而是越来越注重质量和外观，对有机食品、绿色食品更加青睐。这些消费市场传达出的信息，直接要求农业生产不仅要保证数量上的食品安全，更要保障质量上的食品安全。而如何保证食品的数量安全与质量安全呢？农业发展趋势告诉我们：标准化生产。农业生产的标准化是提高产品质量、降低生产成本、扩大市场有效需求的重要手段。农业生产的标准化应从产前一直贯彻执行到产后直至到达消费者手中。而这中间最难监管的环节即为生产中的田间管理。农户局限于知识，制约于规模，独立按照各种生产标准化要求成本太高，只能借助于外部服务进行操作。在盛行一时的"公司＋农户"订单农业中，因为双方利益难以一致，交易成本高、道德风险大成了无解的难题。而合作社的特殊制度安排很好地解决了这一问题，一群农民因共同的利益而联合，成为同一个组织的成员，自己的付出不仅是为了组织成员共同的利益，也更是为了自己的利益，更关乎"自己组织"的长远发展和自己利益的长久保障。这种自身利益的正向驱动力量，使成员没有理由不按照合作社的统一标准化要求进行操作。

生产管理服务的产出是无形的,是产品质量的提升、生产风险的降低,所以对生产管理服务的需求是逆向推动的,即合作社最终销售产品的要求推动着生产管理服务的需求。

下面,以技术交易为例,说明生产管理服务对农户的经济合理性。

在市场交易条件下,农户为了避免在交易中的不利地位及利益流失,以合作社为载体采取集体行动,将原来一对一的交易行为转变为自身整体与技术的市场供给者进行交易,将大大降低市场交易费用。以农户成为合作社成员后,通过合作社进入技术市场的交易模式为例(见图 3-4)。

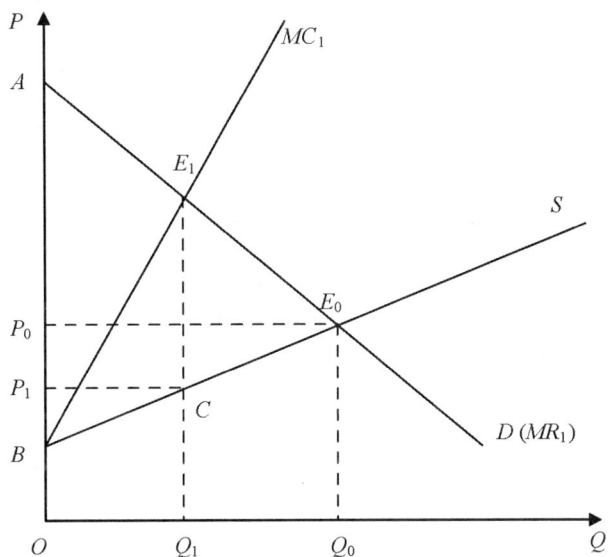

图 3-4 合作社进入技术市场价格改进示意

当合作社的实力与技术供给者的实力均等时,技术市场处于完全竞争状态,需求曲线 D 与供给曲线 S 相交于 E_0,消费者剩余为 $\triangle AP_0E_0$ 的面积。

当合作社的实力较强时,在谈判中处于优势地位时,迫使技术供给者符合合作社要求的条件,以达到成员利益最大化:即 $MR=MC$,均衡点为 E_1,此时,消费者剩余与供给者剩余分别为 AP_1CE_0、BCP_1,消费者剩余的增加量为 $P_1CE_0P_0$,即技术供给部门的生产者剩余减少的面积。这说明,由于合作社的整体优势增加,在交易中从供给者处获得了部分收益,变原来的生产者剩余为现在的消费者收益。

当合作社的实力较弱时,不足以使其在谈判中处于优势地位,但这时总的实力仍会强于单个农户,成交价格也高于农户独自交涉的价格。

综上所述,在市场化条件下,农户通过合作社进入技术市场,购买、应用、转化、推广,其成本大大降低了。

如果是在非市场安排条件下,合作社也可以以提高农民对技术转化活动参与程度的方式,节约费用并提高效率。合作社与技术部门的科研人员合作或接受其他组织的帮扶等会弥补合作社资金的短缺、人才的缺乏等问题,另一方面也可以紧跟政策的导向。

3. 产品加工服务

合作社的产品加工服务,是在生产环节之后,对成员的产品进行初加工或深加工的一种服务,其目的主要是为了提高产品的附加值。下面,简要说明产品加工服务提升产品附加值的经济分析。如图 3-5 所示,D_1 是生产市场的需求曲线,D_2 是加工市场的需求曲线,合作社的供给曲线是 S_1。当合作社为成员提供产品加工服务,由生产市场进入加工市场后,合作社的产品单位收益将会提升,提升幅度为:$P_2 - P_1$。这不仅会直接提升成员(或辐射到的其他农户)的产品单位收益,也可能会通过年底的惠顾返还增加成员收益。除此之外,一旦合作社提供产品加工服务后,必然给成员(或其他农户)提供

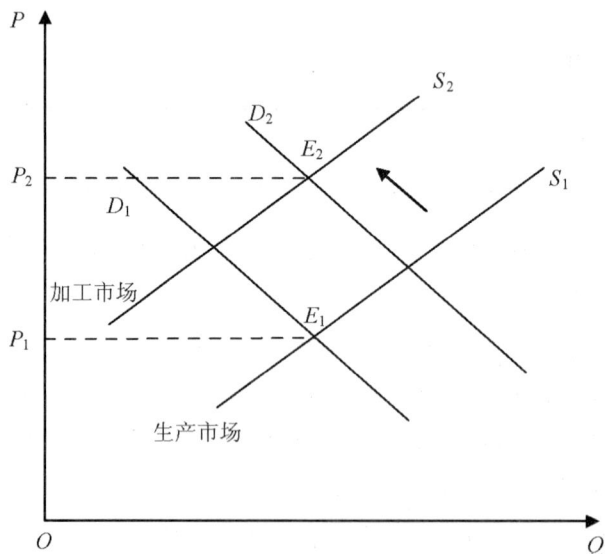

图 3-5 合作社进入加工市场价格改进示意

就业机会,对当地的产业结构调整、产品竞争力提升等方面都有一定促进作用(见图3-6)。这些都会直接或间接地促进成员(或其他农户)的经济收益增加。

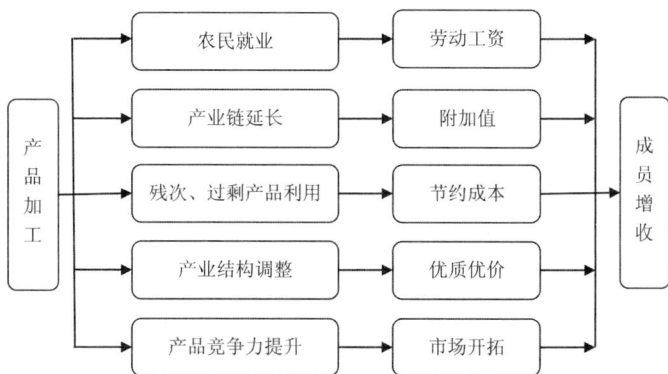

图 3-6 产品加工服务促进农民实现增收示意

3.2.4 合作社服务功能的制度特殊性

"内求团结,外求发展"是合作社的运营方针。所谓"内求团结",体现在合作社对内服务成员时,是基于非营利性服务制度进行的,属于"自我服务"①;所谓"外求发展",是指合作社对外时是以一般的经济组织进行营利性生产经营活动的,包括为外部非成员的服务,属于"社会化服务"。

1. 服务目标的非营利性

合作社服务功能的最主要特征就是内部成员使用服务的非营利性服务制度。非营利性,又称"成本经营原则",是合作社的精髓和标志。与营利性公司企业相比,合作社是农民为改善自身经济状况而结合的组织,具有较强的社团性。虽然合作社随着社会发展的需要不断进行着调整,但仍具有经济性与社会性的双重特性。在注重社会公平、强调劳动联合的同时,也兼顾了经济效益,目的是为了实现成员经济利益的最大化。尤其是在当今市场经济体制不断完善、经济全球化趋势不断加强的大背景下,农民合作社为了面对市场的竞争压力,寻求生存之道,出现了不同程度的公司化趋势,反映出一定

---

① 对于单个农户的相对独立性而言,也属于社会化服务。

程度上的营利性特点。然而农民合作社的非营利性和营利性并不是并行的，其中为成员服务的非营利性是农民合作社的本质要求，营利性不能违背为成员服务的最终目的。与公司相比，农民合作社的对外经营活动是要受到限制的，必须以服务成员为最高宗旨，避免企业由那些拥有大量资本的人所控制。农民合作社的目标在于通过其经营过程以及对其利润的利用，服务于其成员，以及在整体上有益于社会。

2. 服务对象的开放性

合作社的服务对象并不仅限于合作社内部成员，周边非成员农户也可以使用合作社的服务，一般分别称其为对内服务和对外服务。但合作社的对外服务是以在满足内部成员需求优先的前提下，并以所有成员的共同利益为原则对外进行的服务活动。

3. 服务主体的同一性

合作社服务主体的同一性是指合作社服务的供给主体与使用主体的同一性。参加合作社的成员，都是从事同类农产品生产、经营或提供同类服务的农业生产经营者，目的是通过合作互助提高规模效益，完成单个农民办不了、办不好、办了不合算的事。合作社作为一种连接农民与市场的组织形式，为农民提供农资供应、生产管理、产品加工、产品销售等各类服务，通过降低交易成本等方式解决农户分散、小生产与大市场的对接问题，起到促进农民增收、农业增效、农村发展等作用。在合作社里，所有者与惠顾者的身份合二为一，全体成员不仅是合作社的所有者，而且是合作社服务的使用者，成员不仅能得到农产品原料的收益，还能得到加工和销售环节中返还的一部分利润，一定程度上解决了农户的利益维护和利益增进问题。

3.3 农民专业合作社服务功能的成员需求与供给

3.3.1 合作社服务需求的内涵、特点及影响因素

1. 合作社服务需求的内涵

农户家庭生产经营的局限性使意愿相同的人们组建了合作社，目的就是为了给成员那些他们干不了、干不好或者干了不合算的生产经营环节提供专

业化服务。对成员而言,合作社实际上就是由自己民主控制的社会化服务组织。所谓合作社服务需求,就是指某一特定时期内,成员愿意并且能够得到的服务种类与数量,包括对服务输出结果的需求和对服务过程的需求。这一概念有以下三层含义:一是成员对合作社的服务需求是成员的使用意愿和支付能力的统一,没有支付能力的服务需要不能构成服务需求。二是成员对合作社的服务需求是对农业生产需求的一种派生需求,成员需要多少服务,是由市场对其提供的生产的需求引起的。三是服务需求的派生性说明服务需求水平随着生产需求的变动而变动,成员会对增加服务所花费的成本与其所能增加的收益进行比较,当服务的边际收益大于服务的边际成本,成员会增加服务的使用量。

随着生活水平的提高和市场经济的发展,农民对农业生产的要求不再仅仅局限于如何将生产完成,如何将产品卖出,怎样维持生活,而在于如何生产出更好的产品,怎样才能卖出更好的价格,怎样才能获得更多的收益。农户选择加入合作社,成为合作社的组织成员之一,即选择合作社作为其生产活动的服务主体,一定意义上表示,其对使用合作社某些服务的预期收益要高于独立进行农业生产的收益,或者可以说明使用合作社的某些服务成本要低于使用其他社会化服务主体的成本。

2. 合作社服务需求的特点

合作社服务的使用主体是成员,即合作社服务需求是成员对合作社服务的使用需求。农业产业的特殊性、合作社组织制度的特殊性,以及组织成员的异质性,导致合作社的服务需求具有周期性、利益导向性、复杂性等特点。

(1) 需求的周期性

农业生产的自然连续性、季节性、周期性等特点,决定了农业生产经营环节的周期性、顺序性,也决定了合作社的服务需求的周期性特点。例如,从事粮食产业的农户只有在农业生产的产前需要种苗供应服务,一旦产品的种植季节过了,农户则不需要种苗供应服务,转而对田间的技术指导等管理服务产生需求,也只有在产品收获以后才需要销售服务和加工服务。每一个农业生产周期的循环也是一个服务需求周期的循环,所以合作社的服务需求具有比较明显的周期性。

（2）需求的利益导向性

农户虽然加入合作社，成为合作社的成员，但仍具有生产经营的相对独立性，其行为决策目标仍然是利润最大化，是否最终使用合作社的相关服务，取决于农户对自身资源条件下的成本收益的比较。例如，有的农户从业时间较长，对农产品的生长习性及技术要求非常了解，并不需要合作社的技术指导，但由于规模较小，进入产品销售市场成本较大，则其可能会出于利益导向性的考虑，选择合作社的产品销售服务而不使用生产管理服务。

（3）需求的复杂性

和工业品相比，农产品对自然生态环境有很强的依赖性，农产品供给的稳定性差，再加上由于恩格尔定律的作用，农产品需求弹性小，需求约束在农业部门的表现尤为突出，因此农产品供求之间要达到均衡比较困难。就农产品具体品种而言，由于供给弹性与需求弹性之间的差别，在产销关系上的表现也不同。比如，粮食的供给弹性和需求弹性都比较小，产销矛盾相对较小；有的品种供给弹性大，需求弹性小，如肉食、蔬菜；有的品种供给弹性小，需求弹性大，如一些工业原料等。而往往这些品种最容易出现产销矛盾，价格大起大落，多则"烂市"，农民增产不增收，少则出现抢购、争购局面，农民虽获得一时的高收入，却又为下一轮增产"烂市"埋下了隐患。所以，不同产品类型的从业农民，对合作社的服务需求内容是不尽相同的。

3. 合作社服务需求的影响因素

如果考虑成员生产要素的变化，服务需求可分为短期需求和长期需求。短期需求指在技术条件不变、生产要素投入量也不变的条件下对服务的需求。长期需求则指成员在一切生产要素，包括资本、技术、土地、劳动力要素都是可变时对服务的需求。

成员的服务需求受多种经济因素的影响，如区域经济发展水平、农业生产的技术条件、生产要素的价格、自身资源禀赋、政府补贴政策等。为了考察这些因素与服务需求之间的关系，可以用服务需求函数和服务需求曲线等数学方法进行分析。如果把影响服务需求的各种因素作为自变量 X_i，把服务需求作为因变量 D，则成员对服务的需求函数可以表示为：

$$D = f(X_1, X_2, \cdots, X_i), (i = 1, 2, \cdots, n)$$

影响服务需求的因素很多，要完全揭示出服务需求与影响因素之间的关系非常困难。本书只从生产经营角度,假定其他条件不变(如技术水平、区域发展水平等),考察成员的服务需求与成员生产经营特性的关系。

合作社服务需求的主体是农民成员,因此,服务需求的分析就离不开对农民成员行为目标的分析。农民成员虽然加入合作社,但其仍是相对独立的市场主体和农业生产的基本单位,具有一般农户的特性,适用一般农户经济理论。理性选择理论是农户经济理论的重要组成部分,其基本观点是,对于不同的生产决策者而言,不同的选择会有不同的效用,而最大限度获取效用是生产决策者的选择原则,即当农户面临多个选择方案时,往往会选择其中能给他带来最大效用的方案。农民是理性的,追求利益最大化是他们与其他市场主体共同的目标(Schultz,1964;Popkin,1979)。Schultz(1964)曾经指出,小农作为追求利润最大化的"经济人",其行为是经济理性的,并相当自信地认为,农户类似于市场经济中的企业组织,农民不逊色于任何企业家。基于此,改造传统农业的出路在于激励农民为追求利润而创新。Popkin(1979)更是直言,小农的农场完全与资本主义的公司类似,换言之,农户倾向于以理性的投资者的原则行事。以上两者的观点即为"舒尔茨—波普金命题",其强调的是,对于农户而言,重要的不是决定他们的行为,而是为其提供必要的生产要素和外部条件。只要具备了外部条件,农户就会自觉表现出"进取精神",并对他们掌握的资源进行合理使用和有效配置。

随着"理性"这一概念的内涵在经济学中的发展,尤其是"有限理性"(西蒙,1998)被提出后,以理性经济人假设为基础的农民分析已经能够很好地纳入现代经济学分析框架中。在一定意义上,对理性与非理性的判断或认知往往只是因为对条件界定的不同。林毅夫(1998)就认为,一些被认为是非理性的行为可能恰恰就是外部条件限制下的理性行为。关键就在于,分析农户行为时不再局限于收入、成本等经济因素,而是扩展到社会文化传统与习俗、制度设计、社会阶层结构等非经济因素,即考虑到社会化的个人与外部经济社会环境的相互作用对个人行为的影响。陈风波、丁士军(2007)也认为,农户的理性选择实际上就是农户基于自己所处的市场环境、政策环境和所拥有生产资源条件下,充分利用其拥有的资源禀赋进行生产决策的过程。由于成员进行的农业生产经营过程是动态的,极其复杂且多维,现成的农户经济理论并不能完全解释成员的选择结果,所以要考察成员对合作社的服务需求需要充分考虑内外部环境的作用。

合作社是一种具备"防卫性"应激机制的经济组织(Cook,1995)，是一种处于一定组织环境中的环境适应性组织。环境是合作社生存的土壤，它既为成员服务的需求提供条件，同时也对成员服务的需求起制约作用。所以，合作社成员在合作社中，对合作社服务需求会受制于其所处的社会环境及所具有的各项资源禀赋。因此，本书在"理性农民"的基本前提假设下，分析成员对合作社服务需求，同时也尽可能将影响成员行为的外部环境因素纳入分析框架中。基于国内外学者的相关研究，本书将影响成员服务需求的因素归纳为人力资源因素、生产资源因素、组织资源因素、产品特性因素和地区特征因素等。

这五类因素对成员合作社服务需求的影响机理存在很大差异。成员对某项服务的需求是基于其对该服务实现价值的判断。判断的基础是认知，认知受到个人认知能力和外部环境的影响，而外部环境不仅会影响认知能力，还会影响个体对行为价值的判断，限制个体行为选择的范围(周洁红、李凯，2013)。就成员对合作社的服务需求而言，其需求与否取决于这种服务能否为他带来正的预期生产收益。成员的人力资源禀赋，包括年龄、文化程度、加入合作社的年限等都是其个人认知能力的反映，能够直接影响成员对合作社服务的需求，进而影响服务内容的选择；生产资源禀赋，包括家庭生产经营规模、生产设施设备价值、是否当地特色产业或者主要产业、专业化生产等经济特征对成员服务需求施加了经济上的约束，法律法规或政策扶持等组织资源既影响到成员对服务价值的感知，又从法律、制度层面约束了成员选择的范围。从各类影响因素的作用机理来看，这些因素对成员服务需求的影响并非一成不变，市场环境变化、政策调整等都会对成员的服务需求产生一定的影响。

3.3.2 合作社服务供给的内涵、特点及影响因素

1. 合作社服务供给的内涵

合作社的服务供给是指在某一特定时期内，合作社在不同资源拥有水平下，愿意并且能够为成员提供农业生产经营所需的服务数量。这一概念包括以下两层含义：一是作为服务提供者的合作社具有提供服务的愿望；二是合

作社具有提供服务的能力,即合作社服务供给是服务供给意愿和服务供给能力的结合。

2.合作社服务供给的特点

合作社作为一种自愿联合而进行自我服务的经济组织,其服务供给具有内容多样性、形式灵活性、效用外部性等特点。

(1)内容多样性

合作社的服务供给具有内容上的多样性,不同的成员可以根据自身需要选择不同的服务内容。合作社成立之宗旨即为成员服务,各种能够增加成员生产效益的服务内容,原则上说,合作社都可以考虑提供。而现实中,各个合作社因资源条件不同,具体的服务内容会有所不同,大体上包括信息服务、种苗服务、农资服务、技术指导服务、教育培训服务,以及产品储藏、包装、运输、销售、加工等多方面的服务。例如,种苗供应服务中又可以细分为多种内容:市场一般种苗品种的供应、政府科技部门推广的品种供应、科研院校的优良品种推介供应、合作社自主研发的种苗供应等。与此类似,其他每项服务都有很多具体的内容。此外,合作社还为成员提供一些非生产性的服务,如信用合作服务、产品保险服务、抵押担保服务等。这些服务对成员而言也很重要,目前也得到国家政策的大力支持。近几年的中央一号文件曾多次要求发展和规范合作社的这些服务内容。例如,2012年中央一号文件要求"有序发展农村资金互助组织,引导农民合作社规范开展信用合作";2013年中央一号文件要求"创新适合合作社生产经营特点的保险产品和服务";2014年中央一号文件就要求"在管理民主、运行规范、带动力强的农民合作社和供销合作社基础上,培育发展农村合作金融"。从这些政策导向可以看出这些服务的内在需求性及重要性。

(2)形式灵活性

合作社的服务供给不仅在内容上具有多样性,在形式上更是具有灵活性。合作社面对的成员是由一家一户的小规模家庭组成的。家庭的劳动力数量、生活水平、经济条件、生产规模以及所从事的产业等都会影响到家庭的生产经营决策。除了家庭特征,地区特征也从更大的范围上对农民生产经营决策产生着约束。合作社为了更好地给成员提供服务,不得不考虑这些因素,采取适合的形式或者成员能够接受的形式为成员提供服务。本书基于研究的可操作化考量，从生产性服务的角度，将合作社的服务内容简化为农资供应服务、生产管理服务、产品销售服务、产品加工服务。

对于农资供应服务而言，服务提供的形式主要有以下三种：一是统一外购供应（批发采购），即成员需要什么农资就提供什么农资，主要根据农业生产的周期而定，外购回来后统一分发或领取；二是自有农资店供应，即合作社拥有自己的农资店（入股合作社或合作社成员合资成立），成员可根据需求自行前往购买；三是自主研发供应，即合作社拥有相关技术人员，针对合作社产品特点，研发特有的农资（主要是种子、有机肥等），对成员进行专门的供应。农资服务的付款方式也有多种，以适应不同成员的不同要求：一是即时结清，即农资供应服务发生时，成员即付清所有的农资款项；二是售后付款，即合作社在生产过程中，先提供农资给成员使用，等成员产品销售后，直接在货款中扣除或者等有能力时再付款。需要说明的是，一些合作社也为成员提供一些免费农资的使用服务，包括政府或相关机构资助的农资，或者合作社为了标准化生产而自主研发的低成本有机肥、优良种苗等。

对于生产管理服务而言，因服务涵盖的具体项目较多，每种具体的服务项目都可以有不同的服务形式。例如，养殖业的防疫技术，合作社可以选择提前对成员进行统一培训，也可以选择入户进行现场指导，当然也可以接受成员的随时咨询（电话咨询、上门咨询等）。其中，技术人员或培训人员可能是合作社的专职人员，也可能是政府资助的项目而聘请的，当然也可能是合作社专门聘请的专门人员。这些生产管理中的技术性服务多是免费的，一方面是因为有比较多的外部支持主体在技术上、物质上、人力上和资金上提供帮助，这是主要原因；另一方面，这种技术性服务的产出多是无形的，在产后的产品质量或产量上都能有所体现，对提高产品的销售收益进而保证合作社经营的稳定性起着显而易见的作用。

对于产品销售服务而言，作为成员加入合作社的初始动力，服务提供的形式更是多种多样：一是买断制，即合作社根据市场行情一次性买断成员的产品。具体包括两种方式：其一，保价收购，即合作社以保护价格收购成员产品，一般而言，当市价高于保护价时，则按市价收购，或仍按保护价收购，但要给农民返还一部分盈余。其二，市价上浮收购，即合作社以"市场价格＋上浮比例÷上浮金额"收购成员产品，例如"市场价格＋市场价格×10％"、"市场价格＋0.10元"。这两种形式是目前合作社普遍采取的销售服务方式。二是代理推销,即成员委托合作社代销产品,产品成交后,合作社提取少量手续费或者不收取。三是中介推销,即合作社以中介人身份为成员提供销售信息,促成成员与购买者见面。产品成交后,合作社要收取成员或购买者一定比例或一定量的服务费(潘劲,2001)。

对于产品加工服务而言,有两种服务形式可以由合作社或成员选择:一是代加工服务形式,即合作社为成员提供加工服务,收取一定的加工费(一般会低于市场价),加工后的产品归成员所有,成员拥有加工成品的处置权,这种形式在粮食类合作社比较常见。二是服务形式买断加工式,即合作社对成员的产品进行买断,随后统一对产品进行加工,加工后的产品归合作社所有,合作社拥有加工成品的处置权。这其中又有两种情况:其一,合作社利用自有加工企业或加工设备进行产品加工;其二,合作社将加工服务外包,与专业化加工服务组织进行交易,这种形式的产品加工质量及标准不一定能满足合作社的要求,监督成本较高,并且由于农产品的特殊性,加工后难以进行返工,所以风险较大。在买断加工的服务形式下,通常产品加工的过程、费用,特别是加工成品之后的销售,与成员已经没有直接关系,但是加工成品的销售利润属于合作社的经营利润。而在年底或者每个生产周期后,基于成员之前使用合作社销售服务时的成交量(额),或者成员在合作社中的股份数量,或是成交量与股份二者的结合,合作社往往会对经营利润进行分配。所以无论哪种形式,产品加工服务对成员都是有益的,无非代加工服务形式是直接的成本降低或者附加值增加,买断加工服务形式是通过合作社盈余返还的形式间接实现的生产效益增加。

(3) 效用外部性

合作社的服务对象主要是组织内成员,但合作社的服务功能对周边的农户甚至产业的发展都具有一定的正外部性。以成本价或低价为成员服务是合作社成立的宗旨,但合作社也需要对外营利,以增强自身的实力,为成员提供更好的服务,更何况关心社区发展也是合作社的基本原则之一(ICA,1995)。总体上讲,合作社是一个"对内团结,对外营利"的经济组织,但合作社对外的营利性具有一定的特殊性。合作社对于成员而言是一个由自己民主控制的社会化服务组织,对外部农民而言也是社会化服务组织,只是与其他社会化服务组织一样不由自己控制而已。但合作社的营利与其他营利性社会化服务组织不同的是，合作社具有一定的草根性，创建于农村，发展于农村，植根于农村，与农业、农村、农民有着千丝万缕的关系，其很多服务并不仅限于组织内的成员，对周边的农户也相对开放。例如，我们课题组 2011 年进行实地调查的 238 个样本合作社的数据中，对于合作社举办的各类教育培训活动，包括技术信息培训、经营管理知识培训、合作社知识培训、法律法规知识培训等，只有 17 个合作社明确表示不允许非成员农户参与，另有 33 个合作社表示要视培训内容来决定是否允许非成员农户参加，其他都表示非成员农户可以自由选择参加。对于合作社的农资供应服务，在服务能力允许的前提下，也可以为非成员农户服务，价格与成员略有区别，但一般也会低于市场价。而对于销售服务，非成员农户与成员农户差别较为明显，主要有：一是顺序上的差别，一般先为成员提供销售服务，在服务能力允许的前提下，才会为非成员服务；二是价格上的差别，成员可以享受保底价或者高于市场价格的收购服务，而非成员一般是以正常的市场价格或者低于成员的价格但高于市场的价格享受收购服务。无论如何，合作社的服务带动了周边农户对这个产业的认知，并促进了这个产业的发展。合作社能够发展带动周边农户已经成为衡量合作社发展能力的重要指标，越来越多的合作社开始重视对周边农户的带动作用，积极为周边农户提供农业服务。例如，截至 2010 年底，浙江省永康市杨溪稻米专业合作社带动非成员农户 1000 户，四川省仁寿县曹家水果专业合作社带动非成员农户 1100 户，黑龙江宁安市三得利玉米专业合作社带动非成员农户 438 户等。[①]

对于合作社为何会为非成员服务，究其原因有二：首先，当然是合作社对外的营利性目标，虽然服务价格略低于市场价，但出于规模经济和范围经济的考虑，还是有部分的利润空间，而且带动发展的部分非成员农户也有可能发展成为成员。其次，非成员农户之所以没有加入合作社有可能是因为不符合相关的入社条件，比如规模较小或者入社资金不足，加入合作社后，合作社的管理监督成本较大，但他们实际上又比较需要农业服务，属于"帮扶对象"，合作社与生俱来的益贫性自发地要求对其进行帮助和服务。

---

① 数据来源：课题组 2011 年实地调查获取数据。

3. 合作社服务供给的影响因素

合作社成立之宗旨即为成员服务,各种能够增加成员利益的服务,合作社都可以提供。然而,合作社能否提供某项服务受到众多因素的影响。一般而言,服务价格、地区发展水平、成员的数量都会影响合作社的服务供给水平。实际上,由于合作社服务的非营利性、益贫性等特点,而并非是一个纯经济问题,合作社服务供给会受到多种经济或非经济因素的影响和制约,对合作社内外部资源禀赋依赖性较强。如主营产品的产品特性、农业生产的技术条件、服务提供者的数量和质量、成员的素质结构、服务成本、政策支持力度等都会影响服务供给的水平。为了考察这些因素与服务供给的关系,可以用服务供给函数和服务供给曲线等数学方法进行分析。如果把影响服务需求的各种因素作为自变量 X_i,把服务供给作为因变量 S,则成员对服务的供给函数可以表示为:

$$S = f(X_1, X_2, \cdots, X_i), (i = 1, 2, \cdots, n)$$

由于影响合作社服务供给的因素很多,要完全揭示出服务供给与影响因素之间的关系是不可能的。但经济学中,在分析多变量之间的关系时,我们可以假设其他条件不变的情况下,考察一些因素对服务供给的影响情况。本书基于企业的资源基础理论,对影响合作社服务供给的因素进行分析。资源,从其本质上来看,并不具有生产性。但一般意义上我们说资源能够具有生产性,是因为资源在生产过程或使用过程中能够给生产经营者带来生产性服务(Penrose,1959)。很多企业之所以获得成功或者取得一定的竞争优势,主要原因在于其所拥有的资源优势,但必须明确资源优势只是为企业获取竞争优势提供了必要条件,而不是充分条件(Amit & Schoemaker,1993)。影响合作社服务供给的因素是多方面的,我们在上述已有研究成果的基础上,运用企业资源基础理论,同时结合合作社的特点,选择产品特性因素、人力资源因素、生产资源因素、组织资源因素和地区特征因素等五个方面的因素,作为影响合作社服务供给的待验证因素。

这五类因素对成员合作社服务供给的影响机理存在一定程度的差异。产品特性因素是影响合作社产生和发展的重要因素,也是影响农民合作社服务需求与供给的主要因素之一。不同产品的不同生产经营环节的重要性并不同等重要,如水果类农产品的技术和销售是其关键环节,而粮食类农产品的良种选择是其关键环节。所以，不同产品特性决定了合作社在为成员提供服务时的不同侧重。人力资源因素是影响合作社服务供给的最重要因素，合作社由所有成员自愿结合组成，成员的结构及其素质、能力等在极大程度上影响着合作社的创建水平、发展水平以及发展路径（徐旭初，2005）。合作社兼有企业和共同体属性，对内以服务成员为宗旨，对外以市场需求为导向，其服务供给必然立足于其所处的经营资源之上，同时也受到制度资源因素的约束。总之，不同地区的合作社，在产品特性因素的影响下，通过人力资源对经营资源和制度资源的充分整合利用，实现对合作社服务的有效供给。

3.4 农民专业合作社服务功能的实现与演进

农民专业合作社的服务需求与服务供给在成员对服务的实际使用上进行对接，成员对服务的需求从本质上说是对生产效益的改善，农民专业合作社对服务的供给是为了满足成员的这种需求，但受到诸多因素的影响，不一定能完全满足成员的现有需求。随着农民专业合作社的发展，资源不断积累，促使服务能力逐渐提升，农民专业合作社越来越能满足成员的需求，逐渐改善成员的生产效益。成员效益增加后，会扩大生产规模或者提高对产品质量的要求，对农民专业合作社的服务有新的需求，进而促进农民专业合作社进行新的服务供给，这是一个动态的过程。农民专业合作社的服务在均衡与非均衡中交替发展，最终实现服务功能的演进，达到改善成员生产效益的服务目的。

3.4.1 合作社服务功能的实现状态

合作社服务实现即合作社的服务需求与服务供给的对接状态。一般来说，合作社服务的实现程度，可以体现为两个维度：一是服务功能的实现宽度，即合作社具备多少项服务功能，显示合作社服务功能辐射它所从事的产业相关环节的程度；二是合作社服务功能的实现深度，即接受合作社某一项服务功能的成员数占农民专业合作社成员总数的比重，显示合作社服务功能对成员的覆盖程度（黄祖辉、高钰玲，2012）。

1. 合作社服务的均衡状态

合作社服务实现的理想状态是服务供给与服务需求能够处于一种均衡状态。均衡原本是物理学中的概念，经济学借鉴引入的均衡有两层含义：第一层含义是指均衡状态，即经济体系中，某一特定经济事物在一系列经济力量的作用下相对静止且相对平衡的状态，与物体的运动一样，特定经济事物也会受到来自不同方向的各种经济力量的制约，如果这些力量能够相互制约或者抵消，则我们称该经济事物处于均衡状态。第二层含义是指均衡分析方法，即利用均衡概念来揭示经济变量之间的关系。

如果不考虑时间因素的条件，服务需求和供给的内容与数量会随着农业生产的变动而即时作出调整，从而回复到均衡状态，即合作社服务的静态均衡，其前提条件是合作社服务能力是完备的。合作社服务的静态均衡，会受到市场因素和政策因素导致的服务需求与供给变动的影响，所以合作社服务的静态均衡在实际经济系统的运转中，是不可能实现的。如果考虑时间因素的话，合作社服务的需求和供给都会随着时间的变化而变化，从而合作社服务的需求与供给实现对接，如果在每一个时间点上，合作社服务的需求与供给都是均衡的，那么，则说合作社服务的需求与供给处于动态均衡。

2. 合作社服务的非均衡状态

由于各种因素的影响，合作社更多时候处于一种非均衡的状态，具体表现为服务内容、服务数量、服务方式、服务价格等方面的组织供给与成员需求的矛盾。

从服务内容上来看，成员需求的服务内容，合作社不一定都能够提供。例如，成员需要加工服务，但合作社没有加工设备，或没有能力拓展外部加工服务；或者成员对标准化生产有需求，但合作社并不具备相关指导人员，或合作社所处的地区并不符合标准化认证的条件。

从服务数量上来看，合作社也不一定能满足成员的需求。合作社对成员进行标准化生产的规模往往要小于合作社的经营规模；合作社对产品进行统一销售服务的时候，因为销售渠道有限，往往只收取质量比较好的产品，对于质量较次的产品则不予处理，或者低价格处理，让成员承担这种风险。而成员大多希望能够将其产品完全通过合作社销售出去。

从服务方式上看，大多数合作社能够根据服务内容的特性，灵活地为成员提供服务。例如,对于农资供应服务而言,服务方式主要有统一外购供应(批发采购)、自有农资店供应、自主研发供应等。相应的付款方式也有多种,例如,即时结清、售后付款等。但是,随着标准化生产、品牌化经营的趋势,合作社要保证自己产品的竞争优势,对产品的生产标准要求不得不越来越严苛。但市场上外购供应的种苗或其他物资不仅对于节省成本是有限的,也越来越不能满足成员生产的需要,成员对合作社有机肥料、优良品种的需求已经越来越成为趋势,但大多数合作社还不具备自主研发的实力,不能满足成员的需求。

从服务价格上来说,目前合作社作为由成员民主控制的社会化服务组织,与其他社会化服务组织相较,具有比较明显的优势,但这并不是合作社的最终的组织目的。成员大都有着小农心态,看重眼前的利益,不愿承担市场风险。例如合作社产品销售服务,如果合作社对成员产品是一次性买断的话,大都以高于市场价几个百分点来确定,并且钱款一般是当时就结清。之后合作社去市场销售的价格无论高低与成员都没有太大关系,如果销售价格较好,利润较多,成员还可以享受惠顾返还带来的收益,是典型的"利益可以共享,风险不能共担"。但是,也有一部分合作社惠顾返还的执行情况是不乐观的。对于合作社而言,流动资金的重要性对业务发展是很重要的,如果销售服务的价格能够随行就市,并等合作社完成整个产品的销售过程资金回笼后,进行结清,就有助于合作社拓展市场、开发新的服务业务等。

3.4.2 合作社服务功能的演进逻辑

合作社服务功能存在均衡与非均衡状态,但不管何种状态,都需要供求双方进行共同努力,去实现合作社的服务功能。拥有不同资源禀赋的合作社,其服务的演进逻辑有一定的差异。根据资源禀赋情况,可将合作社分为两种类型:内生型合作社和外生型合作社(潘劲,2001)。内生型合作社一般是由若干从事专业生产的农民为解决技术、购销等分户经营难以解决的问题而酝酿产生的。内生型合作社在组建和运作过程中大多有一个关键人物或通常所称的"能人"在起作用,是通过能人牵头组建起来的,也主要是依靠能人开展活动。这类能人包括村干部、技术能手和专业大户等。外生型合作社一般是指有关单位为了有效行使自己的职责或出于自身的利益需要而与农民联合组建的合作社。依据发起单位或依托单位的不同,外生型合作社可以具体划分为供销社依托型、农产品营销企业依托型和政府或职能部门依托型等。

内生型合作社的成立是由于农户为克服生产经营中的困境或提高农业生产经营的收入(即生产效益的增加),而对特定的生产经营服务产生了初始需求,进而组建或加入合作社。合作社在成员为了共同利益而成立后,为满足成员的服务需求会根据已有的人力、物力、财力及扶持政策,尽可能地、有针对性地供给相关服务。此时,如果合作社资源相对充足,则可实现短时期内的服务均衡状态;如果合作社资源相对不充足,则服务供求处于失衡状态。而合作社因为是成员民主控制进行自我服务的组织,必然不断基于追求成员共同利益的目标,寻求资源补充,并不断进行资源积累,以求达到供求均衡状态(见图3-7)。外生型合作社是基于政策驱动而产生的,一般会先考虑合作社的资源基础,再结合合作社的成员服务需求,进而决定合作社的服务供给的暂时状态。此时,如果合作社资源相对充足,则可实现短时期内的服务均衡状态;如果合作社资源相对不充足,则服务供求处于失衡状态。为寻求成员共同的利益,合作社会寻求资源补充,并不断进行资源积累,以求达到供求均衡状态(见图3-7)。

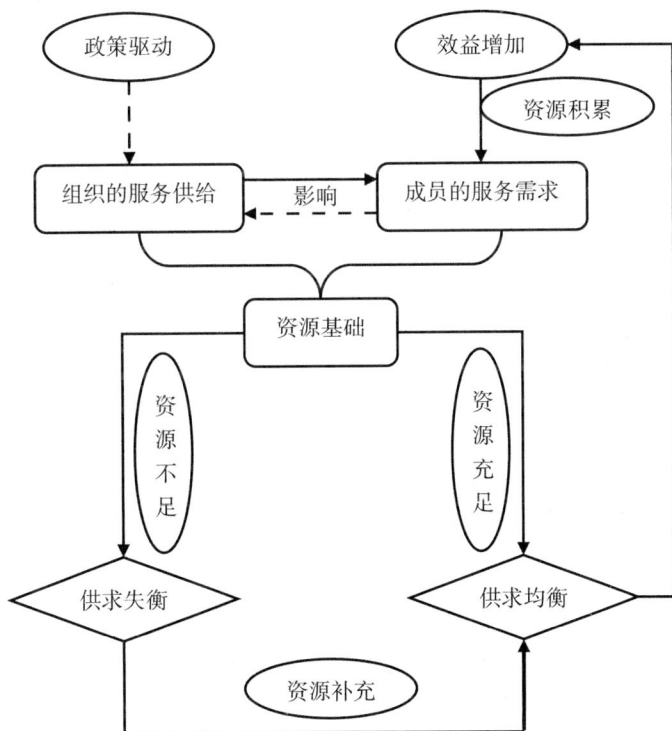

图3-7　合作社服务功能的演进逻辑/理论分析框架

不论是内生型合作社还是外生型合作社，它们的均衡状态都是短暂的，服务供求的实现状态会处于一种不断变化之中，这就促进了合作社服务功能的演进。

合作社服务功能的演进有三种表现形式：服务内容的拓展、服务能力的提升、服务范围的扩大。

合作社服务内容的拓展，是指合作社增加了更多的服务项目以供成员选择。例如，只为成员供给技术服务等生产管理服务的合作社，随着合作社资源的积累，逐渐向产前、产后延伸，为成员提供农资供应服务或者产品销售服务、产品加工服务等。不同的服务内容对合作社的资源基础要求并不相同，在农资供应服务中，合作社相当于一个"批发商"的中介服务组织角色，代表成员进入农资市场，以实现农业投入品成本价购买的规模效益。在生产管理服务中，合作社相当于一个"技术型"生产管理服务组织，既要懂技术，也要懂市场，追求合作社产品自然风险的降低和产品质量的提高。对于产品销售服务而言，合作社是连接小农户与大市场的桥梁，合作社不仅要准确地把握市场信息，快速将产品销售出去，还要为成员争取最好的价格，提高合作社产品的最终价值。对于产品加工服务而言，合作社是一个面向市场的企业，甚至并不直接与成员产生联系，但需要大量的资本投入、场地投入、人力投入，只为提升产品的附加值，最终以二次返还的形式反馈于成员。整体而言，农资供应服务供给的资源要求门槛最低，产品加工服务供给的资源要求门槛最高。虽然，农资供应服务供给的资源要求门槛最低，但实际中，也并不是所有合作社都提供了农资供应服务，这与合作社资源基础和成员需求有一定的关系。

合作社服务能力的提升，是指合作社对某一项服务内容的服务效果的提升。服务能力的提升包括服务使用成员数量的增加，也包括为成员服务的质量改善，抑或是服务价格的降低或服务附加值的增加。任何一方面做出了改进，都可以认为是服务能力有了提升。

合作社服务范围的扩大，是指合作社在服务成员之余，还能服务于周边农户，或者能够允许周边农户加入合作社，成为合作社一员，享受合作社的服务，以帮助更多的农户增加农业生产效益。

不管是合作社服务内容的拓展，还是合作社服务能力的提升，抑或是合作社服务范围的扩大,都离不开合作社自身的资源基础与积累。合作社正是在资源基础上为成员进行服务供给,在满足成员服务需求的同时,实现自身的不断成长,进行资源不断积累,刺激成员新的需求或合作社新的供给,从而实现合作社的良性演进。

从对合作社服务功能的演进逻辑的理论分析中,我们可以发现,合作社的服务功能是一个对资源不断整合利用的动态过程,对其研究必须从服务需求、服务供给、服务实现及服务演进等四个维度进行分析。

3.5　本章小结

本章首先从农业产业价值链角度,细分了合作社服务功能的内容：农资供应服务、(标准化)生产管理服务、产品销售服务、产品加工服务,并提出农民专业合作社服务功能的产生起源于现实中的必要性和技术上的可能性,发展于经济上的合理性和制度上的特殊性的观点。最重要的是,本章基于资源基础理论,从需求、供给角度建立了农民专业合作社服务功能的演进逻辑,并在此基础上形成了农民专业合作社服务功能的理论分析框架。

4 调查设计与数据说明

基于前文建立的农民专业合作社服务功能的理论分析框架,本书拟基于实地调查获取的数据,对合作社的服务需求、服务供给、服务实现和服务演进进行实证研究,本章将对具体的调查设计进行详细阐述并对获取的数据进行简单描述。

4.1 调查设计

由于目前我国农民专业合作社的公开数据多限于发展数量、成员数量、营业额等,涉及农民专业合作社内部信息的数据很少,相关成员的信息数据则更为稀有。因此,本书将依托课题组调查所获取的数据展开实证研究,具体的数据获取实现路径如图 4-1 所示。

4.1.1 调查对象

本研究的调查对象是农民专业合作社示范社。所谓农民专业合作社示范社(有时也称"农民专业合作示范社"、"示范性农民专业合作社"、"示范社"等),是农民专业合作社中发展得又好又快的一类,即他们依照《农民专业合作社法》规定的基本原则办社,产权关系明晰,组织管理体系健全,得到入社成员的认同和支持;农民专业合作社经营活动有效开展,经营管理上水平,成员规模、技术层次和品牌价值不断提升,服务功能得到充分体现;农民成员收益提高,经济与社会价值得到实现,组织未来发展潜力较大(吴敬学

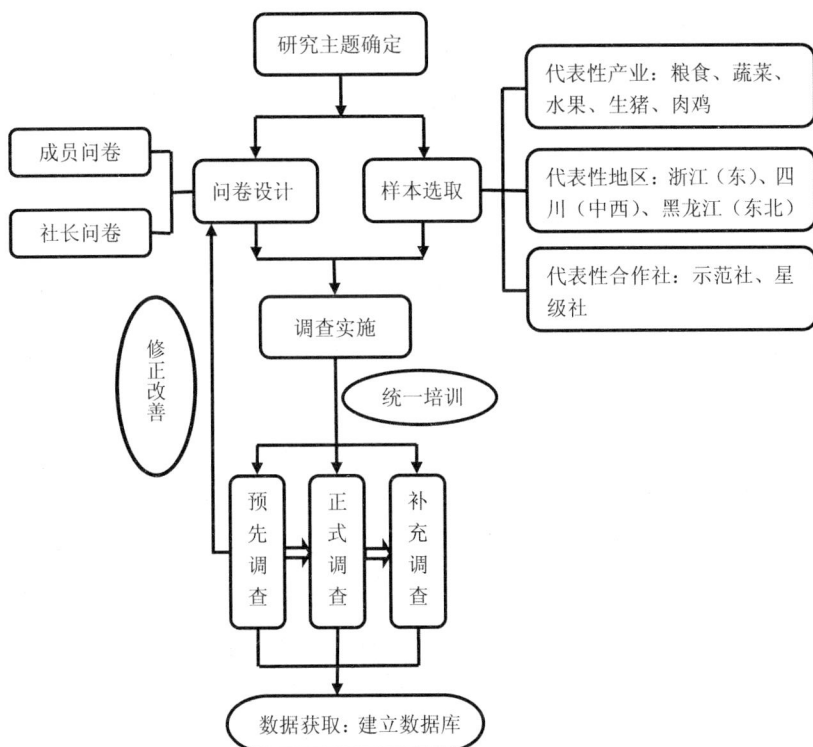

图 4-1 本书数据获取实现路径

等,2012)。

从操作层面上来看,农民专业合作社示范社必须经相关行政主管部门根据相应的标准认定[①],主要认定标准有:(1)民主管理好;(2)经营规模大;(3)服务能力强;(4)产品质量优;(5)社会反响好。省级(或市区级)农民专业合作社示范社的认定标准根据各地实际情况各有不同,但服务能力强是评定农民专业合作社示范社的必要条件之一。所以,选取农民专业合作社示范社作为研究样本,可以更好地保证本研究对农民专业合作社服务功能研究的有效性和可靠性。

---

① 具体可参见《农业部关于印发〈农民专业合作社示范社创建标准(试行)〉的通知》(2010).http://www.moa.gov.cn/zwllm/tzgg/tz/201006/t20100612_1550655.htm,2010-06-12.

4.1.2　抽样原则

自《农民专业合作社法》实施以来，农民专业合作社得到迅速发展，截至2011年6月底，登记的农民专业合作社实有44.6万个，实有入社农户3000万左右，约占全国农户总数的12％。[①] 但深入了解后会发现，农民专业合作社并未得到广大农民的认可，在农民专业合作社有所发展的地区，仍有大量农户没有加入农民专业合作社；在已经成立的农民专业合作社中，又有相当数量的农民专业合作社不能正常运营；正在运营的农民专业合作社中，又有大量农民专业合作社表现出与现行规制不相符合的特质（潘劲，2011）。考虑本书的研究重点，同时考虑调查的可行性和工作量，我们依据以下原则对农民专业合作社进行抽样，以从中选取样本农民专业合作社，研究其服务功能。具体原则如下：

1. 代表性原则

代表性原则主要从两方面考虑：一方面，根据我国经济区域的划分标准，分别在东部地区、中西部地区、东北地区选取具有代表性的调查区域。另一方面，针对目前农民专业合作社广泛分布于农、林、牧、渔等多个领域，但从事种植业和畜牧业的合作社所占比例近四分之三，最具有广泛性和代表性；同时因为不同产品类型的农民专业合作社服务功能差异较大，为排除产品类型差异对研究问题的干扰，本书将选择范围确定在种植业和畜牧业领域，且种植业内以蔬菜、水果、粮油等产业为代表，畜牧业内以生猪和肉鸡等产业为代表。

2. 择优原则

由于发展较差的农民专业合作社难以显示出其对成员的服务作用，数据获取也比较难，所以调查需选择发展情况良好、组织结构完善、规范性强的农民专业合作社作为研究样本。因此，本书在选择研究的调查样本时，采取立意抽样（判断抽样）的方法，即从特定的农民专业合作社名录中选取调查样本。具体而言，本书所选取的样本都是当时已获评的国家示范性农民专业合作社或省级示范性（或星级）农民专业合作社，力图最大限度地确保样本农民

[①]　数据来源：《全国实有农民专业合作社44.6万个》，《农民日报》2011年8月10日。

专业合作社的数据可靠性。

3. 可行性原则

理论上而言,样本数据必须保证其随机性,但是由于研究问题为农民专业合作社的服务功能,这意味着样本农民专业合作社必须要有实质性的服务行为发生。但目前我国的农民专业合作社成立不代表存在,存在不代表运转,运转不代表规范。所以,如果采取简单随机抽样法进行样本抽样,必然会有部分样本农民专业合作社并不符合研究问题的要求,不仅会导致调查工作费时费力费钱,还会因样本有效性不足而不能较好反映农民专业合作社服务功能的问题。所以,选择示范性农民专业合作社作为抽样整体,既符合择优原则,也为可行性打下基础。

4.1.3 调查区域

课题组的调查区域包括浙江(具体包括杭州、湖州、嘉兴、金华、丽水、宁波、衢州、绍兴、台州、温州、舟山)、四川(具体包括成都、广安、眉山、南充、宜宾、资阳)、黑龙江(大庆、哈尔滨、佳木斯、牡丹江、齐齐哈尔、绥化、伊春)等3个省份的82个县区。

我国地域辽阔,东、中、西、东北四大区域①之间发展存在的差距较大,农民专业合作社服务功能的供求也明显呈现出多样性和不均衡的特点。东部地区地理位置优越,自然资源丰富,经济市场化程度高,劳动者文化素质较高,科学技术实力强,在中国区域经济发展中处于领先地位。东部地区二、三产业较为发达,农民农业服务需求的组织形式多样,除政府涉农部门、科研机构、农民专业协会、专业服务公司、村级集体经济组织等服务组织外,农民专业合作社发展迅速且日渐活跃,并且农民专业合作社的服务内容不断延伸,服务环节不断增加,服务链条日益完整,服务效果日趋明显。中、西部地区深处内陆,山区较多,农业土地较为细碎,大型机械化推广较为困难,经济发展速度与东部地区相比较为缓慢。由于经济发展较为滞后,村级集体经济实力较弱,中西部地区的农业服务主要依托政府涉农部门、科研机构和供销社等公共服务机构开展并向村级延伸。随着农民专业合作社的发展,农业服务从

---

① 按照国家统计局的划分标准,可将我国的经济区域分为东、中、西、东北四大地区。

单一的技术服务正逐渐向产前、产中拓展。东北地区自然资源丰富，是我国的地理大区和经济大区，也是重要的粮食主产区和农牧业生产基地。与其他产粮大省相比，东北地区的农业生产主要不是为了自给，而是对外销售。与农产品的高商品率和高产量值相对应，东北地区的农业生产对机械化生产、加工等农业服务的要求也在不断提高。中央政府也日益重视，多次出台相关文件引导东北地区的农业服务体系发展。农民专业合作社作为农业服务体系的重要主体，产前的农资供应，产中的农机服务、技术服务，产后的加工、销售等服务都已全方位覆盖。

总之，经济发展水平与地域资源等条件不同，各地的合作社服务功能发展水平会有一定的差异。为求研究结果具有普适性，应该整体抽样。但是，由于资金、人力、时间等限制，调查区域必然有限，本书拟以浙江、四川、黑龙江三省的实地调查情况分别代表东部地区、中西部地区、东北地区的农民专业合作社服务功能的发展情况。下面分别介绍这三个省份农民专业合作社总体的发展情况。

浙江地处中国东部沿海发达地区，是新型农民专业合作社发展的起源地之一，2000 年中国第一个经工商登记的农民专业合作社在浙江温岭诞生，2001—2002 年被农业部列为全国唯一的农民专业合作经济组织发展试点省份。2004 年颁布《浙江省农民专业合作社条例》，是全国最早颁布的农民专业合作社地方条例（见表 4-1）。根据浙江省农业厅提供的数据，截至 2010 年 6 月底，浙江省有农民专业合作社 12628 个，成员 60.3 万个，带动非成员农户 370.4 万户，占全省农户总数的 38.2%（郭红东等，2011）。浙江省农民专业合作社也是众多学者的研究对象，他们通过研究，得出了对我国农民专业合作社发展有着举足轻重的研究成果，例如目前合作社研究领域文献引用率最广的几篇论文《农民专业合作组织发展的影响因素分析——对浙江省农民专业合作组织发展现状的探讨》（黄祖辉等，2002）、《促进以农产品生产专业户为主体的合作社的发展——以浙江省农民专业合作社的发展为例》（张晓山，2004）、《影响农户参与专业合作经济组织行为的因素分析——基于对浙江省农户的实证研究》（郭红东、蒋文华，2004）都是以浙江省为例，继而将浙江省的实践经验总结推广至全国。

表 4 - 1 浙江省农民专业合作社发展历程

时间	事 项
2000 年	中国第一个经工商登记的农民专业合作社在浙江温岭诞生
2001—2002 年	浙江被农业部列为全国唯一的农民专业合作经济组织发展试点省
2004 年	中国第一部农民专业合作社地方性法规——《浙江省农民专业合作社条例》通过。该《条例》从 2005 年 1 月 1 日开始实施,标志着浙江省农民专业合作社获得法人身份,进入依法发展的新轨道
2005 年	中共浙江省委办公厅、浙江省人民政府办公厅出台《关于进一步加快发展农民专业合作社的意见》,初步建立了扶持农民专业合作社发展的政策框架,强化了合作社发展动力
2009 年	浙江省农业厅、浙江省工商局联合制定《浙江省农村土地承包经营权作价出资农民专业合作社登记暂行办法》,在全国首创农民土地承包经营权作价入股专业合作社的方式
2009 年	浙江省农民专业合作社联合会在杭州成立
2010 年	浙江省人民政府出台《关于促进农民专业合作社提升发展的意见》,标志着浙江省农民专业合作社进入提升发展的新阶段
2010 年	浙江省人民政府办公厅出台《关于鼓励和支持大学毕业生从事现代农业的若干意见》,启动了一社一大学生工作
2012 年	经省政府同意,浙江省农业厅在金华召开了全省农民专业合作社提升发展现场推进会

资料来源:佚名.专业合作社发展历程.浙江日报,2013-01-11.

http://zjrb.zjol.com.cn/html/2013-01/11/content_1953127.htm?div=-1.

  四川省地处大陆西南腹地,东部为川东丘陵,中部为成都平原,西部为川西高原。四川是中国重要的农业大省,素有精耕细作之传统,是国家粮油、生猪等农产品的重要产地。四川省也是中国新型农民专业合作组织发展最早的省份之一。近年来,随着《农民专业合作社法》的颁布实施,四川省农民专业合作社发展速度不断加快,成员规模逐步扩大。据农经年报统计,截至2010 年底,四川全省农民专业合作社发展到 14127 个,比上年末增长32.2%;成员 150.6 万个,其中:农民成员 142.3 万个,占成员数的 94.4%,带动农户322.3 万户,比上年增长 24.3%。四川省农民专业合作社发展的特点主要是农民专业合作社的生产经营范围覆盖农业各个产业领域,但仍以种养业为主。在 14127 个合作社中,粮油、蔬菜、水果等十一大特色优势种植业合作社7110 个,占合作社总数的 50.3%。农民专业合作社的服务体系也逐步完善,服务内容不断向产前、产中、产后各环节拓展，服务能力明显增强：(1)产前的农资供应服务稳定发展，截至 2010 年底，产前统一供应农业生产投入品 57.5 亿元。(2)产中的生产管理服务不断深化，不局限于简单的技术指导，而是积极组织成员实施标准化生产，截至 2010 年底，全省有 1367 个农民专业合作社实施标准化生产，比上年增长 34%，建立标准化生产基地 124.1 万亩。(3)产后的产品加工服务逐渐浮现，截至 2010 年底，有 403 个农民专业合作社创办了加工实体，实现产品增值收入 1.5 亿元。(4)产后的产品销售服务日益精细，不局限于简单的初级品销售，而是走品牌化营销战略。截至 2010 年底，全省统一组织销售农产品的产值共 172.6 亿元，占成员产品总值的 71.2%。全省有 1522 个合作社注册商标，有 1410 个合作社的产品通过"三品"认证，有 199 个合作社开展"农超对接"，向超市提供农产品总值达到 6.5 亿元，比上年增长 123.3%(四川省农业厅，2011)。

黑龙江省是我国最大的商品粮基地，享有"北大仓"的美誉，其农用地面积 3958.30 万公顷，占全省土地总面积的 83.69%①。近年来，黑龙江省坚持把发展农民专业合作社作为建设现代化大农业的重要服务和组织载体，采取以下措施：(1)加大培育力度，激励农村能人和龙头企业创办合作社；(2)加强社长和成员的业务培训，规范合作社的发展；(3)加大扶持力度，拓展农民专业合作社的服务能力；(4)出台政策法规，保证农民专业合作社发展的良好环境等，有力地推动了黑龙江省农民专业合作社的快速发展。截至 2010 年 12 月底，全省工商登记在册的农民专业合作社达到 14347 个，其中农民成员有 148671 个，并带动周围农户 110 万户。从农民专业合作社所处产业来看，14347 个农民专业合作社中从事种植业的为 7496 个，占农民专业合作社总数的 52%；从事养殖业的 3991 个，占农民专业合作社总数的 28%；从事种植业与养殖业的农民专业合作社占总数的 80%，处于绝对主导地位。从农民专业合作社所提供的服务来看，提供产前生产资料购买服务的农民专业合作社有 1069 个，占农民专业合作社总数的 7%；提供产中农业技术服务、信息服务的农民专业合作社有 1823 个，占农民专业合作社总数的 13%；提供产后产品加

---

① 数据来源：中华人民共和国中央人民政府网站. www. gov. cn/test/2005 - 08/10/content - 21509. htm.

工、运输、储藏等服务的农民专业合作社有 1152 个,占农民专业合作社总数的
8%;提供产后产品销售服务并以此为主营业务的农民专业合作社有 2258 个,
占农民专业合作社总数的 16%;从事其他行业的农民专业合作社 1071 个,占
农民专业合作社总数的 7%(王永军,2011)。

同时,3 个样本省份农民专业合作社示范社的评定工作也都能顺利开展,信
息也能正常获取。以浙江省为例,浙江较早启动省级示范性农民专业合作社认
定工作,于 2006 年,根据《关于组织申报省级示范性农民专业合作社的通知》(浙
农经发〔2006〕14 号)文件精神,确定了第一批 155 个省级示范性农民专业合作
社。根据 2010 年《浙江省农业厅办公室关于公布省级示范性农民专业合作社名
单的通知》可知,2010 年以前共认定了 505 个省级示范性农民专业合作社,其中
8 个农民专业合作社监测不合格,不再享有省级示范性农民专业合作社称号,
2010 年新增认定 173 个合作社为省级示范性农民专业合作社(浙江省农业厅办
公室,2010),即截至 2010 年底,浙江省共有 670 个农民专业合作社示范社。

综上所述,选取浙江、四川、黑龙江三个省份的农民专业合作社示范社作
为调查样本,与其社长和成员进行问卷调查和深度访谈对数据的获取具有很
强的可行性和有效性。

4.1.4 问卷内容

因课题组参与人员较多,大家各自从不同的角度对农民专业合作社的相
关问题进行研究。首先,各研究者基于各自研究问题设计出相关研究问题的
关键字段;其次,大家研讨各自研究问题的必需性及相关性;最后,课题组成
员综合考虑,对各相关字段进行排列、组合、取舍,制定了一组关于农民专业
合作社发展情况的调查问卷。调查问卷由两份问卷组成:一是农民专业合作
社组织层面的问卷(以下简称社长问卷),以访谈农民专业合作社社长为主,
主要内容包括农民专业合作社基本情况、所在村庄基本情况、社长个人基本
情况、农民专业合作社的运行模式及状态、农民专业合作社的生产经营情况
(包括服务提供情况)、农民专业合作社的运营绩效与收益分配情况等;二是
农民专业合作社成员层面的问卷(以下简称成员问卷),主要内容包括成员个
人基本情况、成员参与合作社基本情况、成员生产销售情况、成员对所在合作
社的认识等方面。调查问卷详细内容请参见附录 2 和附录 3。

4.2 数据说明

4.2.1 数据收集

为了获取真实、有效的农民专业合作社及其成员的调查数据,我们采取面对面访谈填写问卷的形式收集数据。调查员由两部分组成,第一部分是以课题组参与人员(包括正在研究农民专业合作社相关问题的专家、博士研究生和硕士研究生等)为主组成的调查组(以下简称调查组)①。考虑到调查区域跨度大,可能存在的语言障碍等,在黑龙江调查时调查组招募了 2 名黑龙江籍的浙大农经专业本科生加入;在四川调查时,招募了 2 位四川籍的农经专业硕士生和 1 名四川农大农经专业硕士生加入。第二部分是以浙江大学三农协会会员(特定浙江、四川和黑龙江三省生源)为主的调查组(以下简称调查小分队),他们分散到他们籍贯所在地区的农民专业合作社进行调查。在正式开始调查前,课题组对全体调查员进行了调查培训,对此次课题组的调查目的、调查对象、调查技巧、调查记录、调查要求等做了详细交代,并对具体的问卷内容逐条进行了解释。培训会后,课题组还与调查员进行了互动交流,并解答了调查员提出的问题,以确保调查员能够理解此次调查活动的目的、意义与要求。为了提升调查效果并及时发现问题,在整个调查过程中,调查组成员当晚都会对当天调查过程中所遇到的问题进行讨论交流并作记录,同时,调查组与调查小分队的所有成员,与调查负责人通过电话、邮件和 QQ 等方式随时保持联系与沟通。

数据的收集主要分为两个阶段:第一阶段为预调查阶段。在正式调查开始之前,课题组于 2011 年 4 月和 6 月在分别在河北省石家庄市、衡水市及浙江省丽水市等地进行了多次试调查,以检验问卷的合理性和信息的可获取性。之后,课题组在此基础上对问卷不足之处进行了修改和完善,使得问卷结构更合理、表述更清晰易懂。第二阶段为正式调查阶段。课题组于 2011 年7—8 月对浙江、四川、黑龙江三省的样本农民专业合作社进行了实地调查。②

---

① 笔者是调查组成员之一,在此感谢黑龙江的张建军、国辉同学的帮助。

② 预调查和正式调查都得到了当地政府主管部门的大力支持,这也是调查能够顺利进行的保障之一。

此阶段数据收集的方式有三种：① 以课题组参与人员（包括正在研究农民专业合作社相关问题的专家、博士研究生和硕士研究生等）为主组成调查组，调查样本农民专业合作社。具体抽样方法是在浙江、四川和黑龙江三省兼顾经济发展水平和地理位置各选取了 3 个地市，然后根据当地农业主管部门提供的省级农民专业合作社示范社名单，在下辖县市（区）抽取 2～5 个不等的农民专业合作社。② 依托浙江大学学生三农协会选拔学生调查员组成调查小分队，在暑期回家期间完成指定样本农民专业合作社的走访调查。抽样方法是根据三省的省级农民专业合作社示范社名单，结合调查员各自家庭位置分布，为每个调查小分队抽取 1～3 个不等的合作社。③ 凭借本中心教授在四川、黑龙江开展农民专业合作社培训会的契机，对与会农民专业合作社社长进行整群抽样调查。一般能来参加的农民专业合作社都是当地发展较好的合作社，由当地主管部门推荐参加培训会。除培训会整群调查只访问合作社社长，调查组与调查小分队在每个样本合作社的调查中除社长外再随机抽取 1～2 名管理者、1～2 名销售人员、2～4 名一般成员进行问卷调查。此外，正式调查阶段结束后，考虑到课题组参与人员各自围绕不同的问题对农民专业合作社进行研究，为确认数据信息的真实性、完整性等问题，之后分别根据研究的需要进行了必要的电话或电子邮件补充访问。

据此，课题组在浙江、四川、黑龙江三省共选取了 297 个农民专业合作社作为研究样本，对其社长和成员进行问卷调查，进行数据收集，形成数据库。

4.2.2　数据简介

据以上分析可知，课题组最后收集的样本数据库中包括农民专业合作社组织层面的数据和成员个体层面的数据两大部分。课题组针对 297 个样本农民专业合作社，共发放了 947 份问卷，其中社长问卷 297 份，成员问卷 650 份。因调查以面对面访问为主，回收率较高。在调查结束后，共回收 907 份问卷，根据本研究的样本范围选择，实际有效问卷为 769 份，有效回收率为81.2%。其中，社长问卷实际有效问卷为 238 份，浙江、四川、黑龙江三省的数量分别为 73 份、93份、72 份（见表 4-2），有效问卷率为 80.1%；成员实际有效问卷为 531 份，浙江、四川、黑龙江三省的数量分别为 223 份、178 份、130 份（见表 4-2），有效回收率为 81.7%。之后基于对这 238 个农民专业合作社的组织层面和成员个体层面的数据的合并对接,形成本书研究所使用的数据库。若无特殊说明,本书之后的计量、统计分析所使用的数据,都来源于此数据库。

表 4 - 2　有效问卷构成

省份	社长问卷		成员问卷	
	数量(份)	比例(%)	数量(份)	比例(%)
浙江省	73	30.67	223	42.00
四川省	93	39.08	178	33.52
黑龙江省	72	30.25	130	24.48
合计	238	100.00	531	100.00

4.2.3　样本简单描述

1. 来源地区分布

本书中的样本农民专业合作社所处地区分布情况及数量分布情况可见表 4 - 3。样本基本覆盖所调查省份的各个地市,具有较强的代表性。

表 4 - 3　样本合作社来源地区分布

省份	地市	县市(区)	合作社数(个)	占比(%)
浙江省	杭州市	富阳市、建德市、萧山区	9	3.78
	湖州市	安吉县、长兴县、德清县、吴兴区	9	3.78
	嘉兴市	海宁市、海盐县、平湖市、桐乡市	7	2.94
	金华市	东阳市、浦江县、永康市	6	2.52
	丽水市	莲都区、龙泉市、庆元县	5	2.11
	宁波市	慈溪市、象山县、余姚市	9	3.78
	衢州市	常山县、开化县、柯城区、龙游县	7	2.94
	绍兴市	上虞市、绍兴县、嵊州市、越城区	7	2.94
	台州市	路桥区、三门县、温岭市	6	2.52
	温州市	乐清市、瑞安市	4	1.68
	舟山市	定海区、普陀区	4	1.68
合　计			73	30.67

省份	地市	县市（区）	合作社数（个）	数量占比（％）
四川省	成都市	崇州市、龙泉驿区、郫县、蒲江县、双流县、温江区、新都区	61	25.64
	广安市	岳池县	3	1.26
	眉山市	东坡区、彭山县、青神县、仁寿县	11	4.62
	南充市	高坪区、嘉陵区、蓬安县、顺庆区	4	1.68
	宜宾市	长宁县	1	0.42
	资阳市	安岳县、乐至县、雁江区	13	5.46
合　计			93	39.08
黑龙江省	大庆市	林甸县、肇源县、肇州县、龙凤区	4	1.68
	哈尔滨市	巴彦县、宾县、呼兰区、尚志市、双城市、五常市、香坊区	43	18.07
	佳木斯市	桦南县	1	0.42
	牡丹江市	东宁县、海林市、林口县、宁安市、西安区	11	4.62
	齐齐哈尔市	富裕县、龙沙区	2	0.84
	绥化市	北林区、青冈县、兰西县、肇东市	9	3.78
	伊春市	带岭区、南岔区	2	0.84
合　计			72	30.25
总　计			238	100.00

注：哈尔滨呼兰区和成都崇州市为培训会整群抽样调查地区，所以其抽样数量较多。

资料来源：作者根据调查数据整理。

2. 组建时间分布

表4-4详细描述了样本农民专业合作社的组建、注册及变更注册时间分布情况。有效样本中有40.76％的样本合作社组建时间在2007年之前，其中浙江省占到26.89％，主要是由于浙江省早在2004年就通过了国内最早的合作社地方性法规。另外，样本合作社的组建时间①与注册时间之间存在一定

――――――――――

① 在本书中，合作社的组建时间是指召开成立大会的时间。

的时滞性。可见，虽然全国性的法律已于 2007 年正式施行，但涉及工商登记、税收优惠等相关规范性规定的执行还是较大程度地依赖于地方性配套法规或实施办法，这在一定程度上影响了合作社的发展进程。但随着黑龙江省和四川省继《农民专业合作社法》后通过了相应的地方法规或实施办法①，为本省农民专业合作社的发展提供了坚实的制度保障，合作社的数量也有了快速的发展。但因为本书主要调查的是省、市级示范社和星级社，所以，样本合作社的组建、注册时间都较早。

表 4-4　样本合作社组建、注册及变更注册时间情况

省份 ＼ 时间		≤2006 年	2007 年	2008 年	2009 年	2010 年	2011 年	合计
组建时间	浙江省	64	6	1	2	0	0	73
	四川省	14	20	24	9	9	17	93
	黑龙江省	19	10	21	17	4	1	72
	合计	97 (40.76)	36 (15.13)	46 (19.33)	28 (11.76)	13 (5.46)	18 (7.56)	238 (100.00)
注册时间	浙江省	61	7	2	3	0	0	73
	四川省	4	21	27	14	10	17	93
	黑龙江省	1	14	25	24	7	1	72
	合计	66 (27.73)	42 (17.65)	54 (22.69)	41 (17.23)	17 (7.14)	18 (7.56)	238 (100.00)
变更时间	浙江省	3	7	18	5	10	6	49
	四川省	0	0	1	1	3	3	8
	黑龙江省	0	0	1	1	0	1	3
	合计	3 (5.00)	7 (11.67)	20 (33.33)	7 (11.67)	13 (21.67)	10 (16.66)	60 (100.00)

注：括号内的数字为百分比。

---

① 《黑龙江省农民专业合作社条例》已由黑龙江省第十一届人民代表大会常务委员会第十四次会议于 2009 年 12 月 17 日通过；《四川省〈中华人民共和国农民专业合作社法〉实施办法》由四川省第十一届人民代表大会常务委员会第十八次会议于 2010 年 9 月 29 日通过。

3. 主营产品分布

本书中的样本农民专业合作社主营产品分布情况如表4-5所示,其中主营产品为种植业类合作社的比例为73.95%,以粮食类合作社最多(34.03%),养殖类合作社中肉鸡类合作社比例最少,为10.50%,主要是因为进行实地调查时正值禽流感时期,部分被抽样到的肉鸡类合作社不愿意接受调查,所以肉鸡合作社调查数据获取的难度较大,最终获取的有效样本数较少。总体来看,样本合作社主营产品的产业类型分布大致符合全国合作社在种养业的比例,具有一定代表性。

表4-5　样本合作社主营产品分布

主营产品		数量(个)	占比(%)
种植业	粮食	81	34.03
	蔬菜	43	18.07
	水果	52	21.85
养殖业	生猪	37	15.55
	肉鸡	25	10.50
合　计		238	100.00

4.3　本章小结

本章首先介绍了本书的实地调查设计,包括数据获取的抽样原则、调查区域、调查内容、调查结果等,最后简单描述了所获取数据的基本情况,为接下来的计量分析打下基础。

5 农民专业合作社服务功能的需求及其影响因素

建立健全农民专业合作社发展机制的目的是更好地为农户成员提供生产经营服务,农户成员是农民专业合作社服务的供给客体、使用主体,他们的基本生产经营情况及对农民专业合作社服务的需求情况非常值得研究。根据已有的研究成果、前文的理论分析以及实地调查所获取的一手数据,本章尝试从成员人力资源、生产资源、组织资源、产品特性及区域分布等五个层面检验农户成员对农民专业合作社服务需求的影响因素。

5.1 农民专业合作社服务需求概况

农民专业合作社是以农民为主体而成立的互助性服务组织,它以成本经营为原则,同等条件下,服务价格低于市场价格或使用服务的效益要大于其他服务组织,即成员使用农民专业合作社的服务要优于其他社会化服务组织。所以,成员对农民专业合作社的各项服务都是有动机去使用的。成员对农民专业合作社的服务没有需要与不需要之说,只是对哪一项服务内容最为需求,而最需求的服务表示在既定条件下,成员认为此项服务对其农业生产最为重要,能够最好地实现自己的效益。虽然,成员的服务需求会随着时间的变化而变化,具有动态性,但了解全国发展较好的农民专业合作社的成员在一定时期内的服务需求现况,仍具有很强的代表性及趋向性意义。

5.1.1 样本合作社成员的基本情况

1. 成员的入社时间

从图 5-1 中,我们可以看出:① 成员参加合作社最早的年份为 1997 年；② 成员参加合作社的人数呈逐年上升趋势,并于 2008 年达到最多,但是各省入社成员分布最密集的年份并不一致,浙江省为 2005 年,四川省为 2007 年,黑龙江省为 2008 年、2009 年；③ 样本成员中于 2010 年和 2011 年参加合作社的人数偏少。

总体来看,样本分布的情况是符合我国合作社发展历史的。包括 2004 年 11 月,浙江省人大颁布实施的我国第一个有关农民合作经济组织的地方性法规《浙江省农民专业合作社条例》,故浙江省在 2005 年入社的样本成员较多；2007 年 7 月 1 日,《农民专业合作社法》正式实施,从此,我国农民专业合作组织进入法治轨道。近 30 年的改革与发展,特别是《农民专业合作社法》的颁布实施,将合作社的发展推向了一个新的高度。

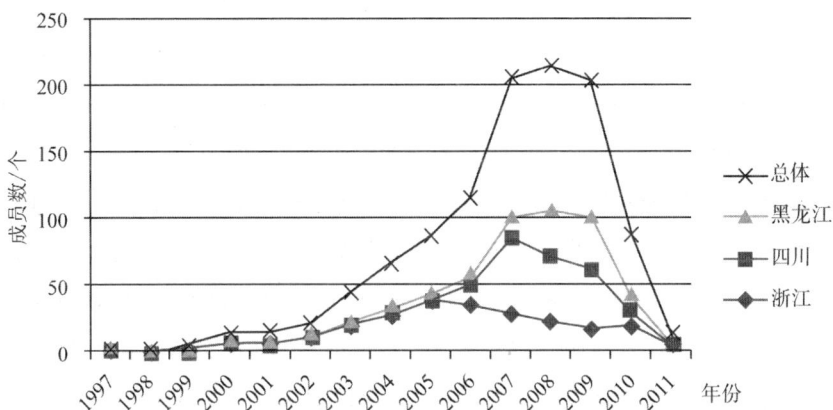

图 5-1 成员入社年份情况

图 5-1 中显示,样本成员中于 2010 年和 2011 年入社的数量偏少,这与我们观察的样本选取有关。我们的调查对象是省级示范社或省级星级社,而成为这样具有带动示范作用的合作社需满足一定的条件,故 2010 年和 2011 年入社的被调查的样本成员所占比例较低。但这并不代表参与合作社的整体人数的下降。据《农民日报》报道,截至 2011 年 6 月底,全国农民专业合作社实有 44.6 万个,比上年底增长 17.66%,实有入社农户 3000 万左右,约占

全国农户总数的 12.00％。① 三个省份样本成员入社年份分布的具体情况有所差异，我们可以看出政策法规的支持程度对合作社组织制度的供给，以及对农民的合作需求都有一定程度的影响。

2. 成员的入社批次

由表 5-1 可知，抽取的被调查成员在第一批次和非第一批次都占有一定比例，分别为 72.88％ 和 27.12％。其中，第一批次入社的成员数明显多于第二批次的成员，一方面是因为抽取的被调查成员中有一定的管理者的比例，而在实际中，这些人基本上都是合作社的发起人或者核心成员，都是第一批次加入合作社的。

表 5-1　成员入社批次分布

	第一批入社		非第一批入社	
	数量（个）	占总数比例（％）	数量（个）	占总数比例（％）
浙江	141	26.55	82	15.44
四川	142	26.74	36	6.78
黑龙江	104	19.59	26	4.90
合计	387	72.88	144	27.12

3. 成员的在社身份

在我国现实情况中，特别是在一个并不成熟的制度环境中，合作社往往由一些非农业生产主体发起，并不明确限制成员异质性和"一股独大"或"数股独大"。因此，合作社中必然呈现出比较鲜明的少数核心成员（通常是大股东）与多数社员（多为使用者或惠顾者）并存的格局（黄祖辉、徐旭初，2006）。而不同身份的成员所处情境不同，对合作社的服务功能的需求可能有一定的差异，抽取的被调查成员中保证了二者的相对比例。核心成员（包括理监事会成员、销售人员、技术人员等）和普通成员的比例分别为 26.74％ 和 73.26％（见表 5-2）。以普通成员为主，一是因为合作社的核心成员比例较低，二是因为合作社的根本宗旨是实现全体成员的共同利益，普通成员更能反映合作社成员的整体服务需求。

---

① 数据来源：《全国实有农民专业合作社 44.6 万个》，《农民日报》2011 年 8 月 10 日。

表5-2 成员在社身份情况

	核心成员		普通成员	
	数量(个)	占成员总数比例(%)	数量(个)	占成员总数比例(%)
浙江省	63	11.86	160	30.13
四川省	44	8.29	134	25.24
黑龙江省	35	6.59	95	17.89
合计	142	26.74	389	73.26

4. 成员的年龄分布

成员的年龄在一定程度上决定了接受新事物的能力和对农业服务的需求程度。由图5-2可知,样本合作社成员的年龄集中在40～60岁之间,与马彦丽、施轶坤(2012)的研究结论"真正入社的农户年龄集中在50岁左右"大体一致。但是,从中也可看出,农业产业还是有不少低于40岁的年轻农民参与其中,他们是已经成为职业农民或者有望成为职业农民的代表。

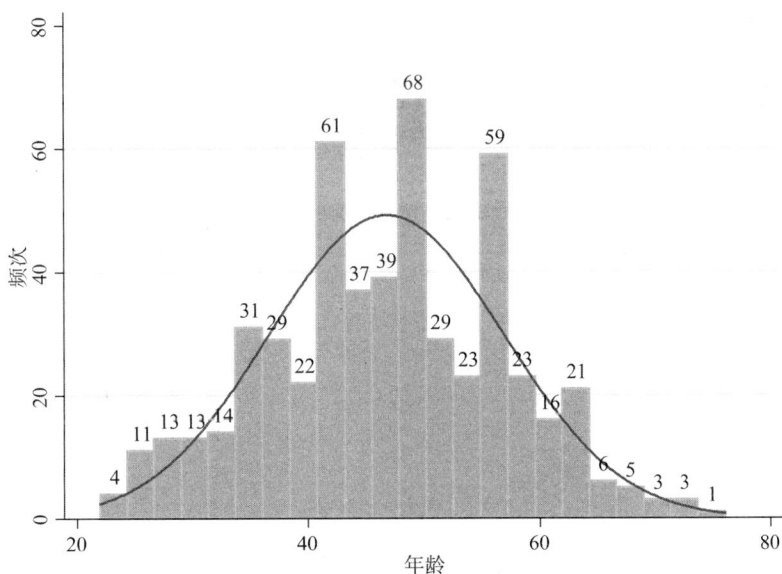

图5-2 成员年龄分布情况

5. 成员的文化程度

文化程度往往会影响一个人的学习能力和新事物接受能力。合作社成员文化程度也影响着成员自身的合作认知程度和对服务需求的层次。由表5-3可知，样本成员中具有初中及以上文化程度的成员数量占总体数量的比例超过80.00%，文盲的比例仅为2.26%。由表5-4可知，文盲的成员仅有一人是40~49岁，其余都是50岁以上。所以被调查的样本成员文化程度符合一般常识。特别值得一提的是，具有大学及以上的文化程度的成员占总数比例为8.66%，共46位成员，其中省份以浙江最多，年龄层次为20~39岁最多。这表明，合作社这种特殊的组织形式，逐渐吸引了知识层次较高的年轻人的关注和参与。

表5-3 分地区成员文化程度情况 （单位：个）

省份	文化程度					
	文盲	小学	初中	高中	大学及以上	合计
浙江省	4	42	97	53	27	223
四川省	6	26	92	41	13	178
黑龙江省	2	23	59	40	6	130
合计	12	91	248	134	46	531
占比(%)	2.26	17.14	46.70	25.24	8.66	100.00

表5-4 不同年龄成员文化程度情况 （单位：个）

年龄(岁)	文化程度					
	文盲	小学	初中	高中	大学及以上	合计
20~39	0	10	44	35	32	121
40~49	1	20	109	58	12	200
50~59	6	39	72	36	2	155
60~76	5	22	23	5	0	55
合计	12	91	248	134	46	531
占比(%)	2.26	17.14	46.70	25.24	8.66	100.00

6. 成员的生活水平

由表5-5可知,88.89%的被调查成员的生活水平都处于中等以上,生活困难的成员占比仅为0.94%。这一是与目前农民生活水平普遍提高有关;二是因为在广大农村,虽然农民可以自愿选择是否入社,但是并不是所有人都可以成为合作社的成员。合作社对入社农民往往有一定的要求,诸如生产经营的规模大小、从业年限、信誉等都是合作社考量的因素。已经成为合作社成员的农户,其生产经营条件相对都比较好,所以生活水平也比较高。

表5-5　成员生活水平情况　　　　　　　　　（单位:个）

省份	生活水平					
	富裕	中等偏上	中等	中等偏下	困难	合计
浙江省	5	52	132	31	3	223
四川省	16	51	97	14	0	178
黑龙江省	16	35	68	9	2	130
合计	37	138	297	54	5	531
占比(%)	6.97	25.99	55.93	10.17	0.94	100.00

7. 成员的主营产品

关于样本成员的主营产品类别(见表5-6),经营粮食、蔬菜、水果、生猪、肉鸡等五类产品的成员数量分别为113、126、160、57、75个,比例分别为21.28%、23.73%、30.13%、10.74%、14.12%,与合作社主营产品类别情况34.03%、18.07%、21.85%、15.55%、10.50%大致对应(参见表4-5)。因不同地区生产经营的农产品有一定差异,所以样本成员的主要产品类型在不同地区的数量分布也有一定差异,其中,粮食和生猪产业中的样本成员以黑龙江省的比例最高,蔬菜和水果产业的样本成员以四川省的比例最高,生鸡产业中的样本成员以浙江省的比例最高。

8. 成员的从业时长

成员的从业时长是指合作社成员生产经营相关产品的年数。由图5-3可知,合作社的成员都具有一定年限的从业经验,也符合合作社对入社成员要求的实际情况。但有些合作社,特别是由龙头企业、技术人员或者专业大户带动发起的合作社，并不排斥没有从业经验的农户，这些农户甚至起到带动当地相关产业发展的作用。所以，从业时长只有 1～3 年的成员数量也较多。

表 5-6 成员主营产品类别情况

产品类别		省　份			
		浙江	四川	黑龙江	合计
粮食	数量(个)	39	15	59	113
	比例(%)	17.49	8.43	45.38	21.28
蔬菜	数量(个)	60	52	14	126
	比例(%)	26.91	29.21	10.77	23.73
水果	数量(个)	69	85	6	160
	比例(%)	30.94	47.75	4.62	30.13
生猪	数量(个)	6	17	34	57
	比例(%)	2.69	9.55	26.15	10.74
肉鸡	数量(个)	49	9	17	75
	比例(%)	21.97	5.06	13.08	14.12
合计	数量(个)	223	178	130	531
	比例(%)	100.00	100.00	100.00	100.00

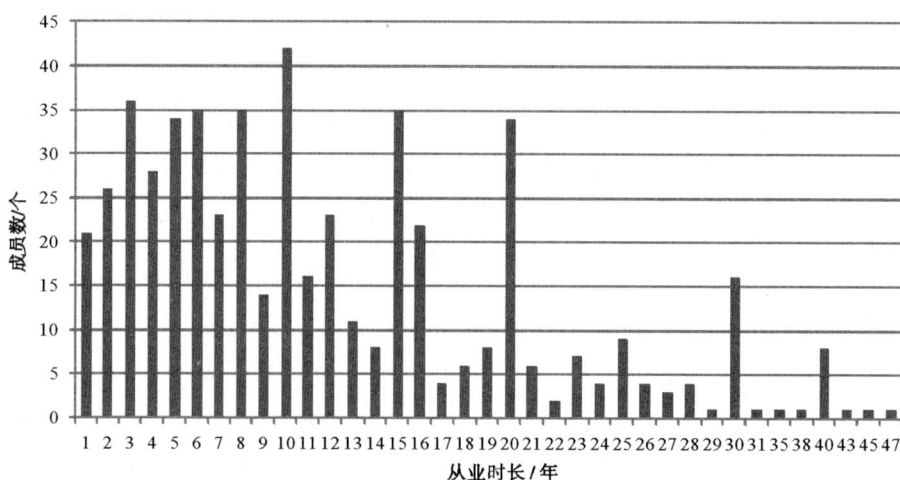

图 5-3 成员从业时长情况

9. 成员的风险认知

由表5-7可知,认为产品无风险和风险较低的粮食类成员数量占粮食类成员总数的比例为69.03%;认为产品无风险和风险较低的蔬菜类成员数量占此类成员总数的比例为55.56%;认为产品无风险和风险很高的水果类成员比例都较低,分别为9.38%、2.50%,普遍认为风险较低或风险一般,占此类成员总数的比例为73.12%;生猪类成员普遍认为产品风险较高,认为产品无风险和风险较低的成员数量占此类成员总数的比例为29.83%;认为产品无风险和风险较低的肉鸡类成员数量占此类成员总数的比例为34.67%,风险的主观认知与一般情形下各产品类别的自然风险与市场风险相接近。特别是,调查时,正值有些地区处在禽流感风险中,养鸡的成员对产品的收益前景普遍不甚乐观,从表中可以看出,认为产品风险很高的成员共有18个,养鸡户就占了8个,所占比例为44.44%。

表5-7　成员对其生产经营的产品风险认知情况

产　品		风险预期					
		无	较低	一般	较高	很高	合计
粮食	数量(个)	20	58	28	6	1	113
	比例(%)	17.70	51.33	24.78	5.31	0.88	100.00
蔬菜	数量(个)	21	49	46	10	0	126
	比例(%)	16.67	38.89	36.51	7.93	0.00	100.00
水果	数量(个)	15	65	52	24	4	160
	比例(%)	9.38	40.62	32.50	15.00	2.50	100.00
生猪	数量(个)	6	11	12	23	5	57
	比例(%)	10.53	19.30	21.05	40.35	8.77	100.00
肉鸡	数量(个)	6	20	20	21	8	75
	比例(%)	8.00	26.67	26.67	28.00	10.66	100.00
合计	数量(个)	68	203	158	84	18	531
	比例(%)	12.81	38.23	29.75	15.82	3.39	100.00

10. 成员的合作认知

成员的合作认知,在本书中是指成员对合作社与企业有无区别的感知。由表5-8可知,被调查成员大多数认为合作社与企业有很大区别,相应比例为61.77%。其中,浙江省样本成员比例最高(64.13%),这与浙江省合作社发展较早不无关系。从这些数据中我们也可以看出,虽然一些农民已经是合作社的成员,并且是对合作社服务活动有一定参与的成员,但对合作社与企业的区别还是没有特别明晰的认识。一方面,可能是合作社的知识宣传教育不到位的原因;另一方面,也可能是更主要的原因,就是合作社在实际操作中存在不规范的因素。

表5-8　成员对合作社与企业区别认知情况

		没有区别	有些区别	很大区别	合　计
浙江省	数量(个)	7	73	143	223
	比例(%)	3.14	32.73	64.13	100.00
四川省	数量(个)	12	56	110	178
	比例(%)	6.74	31.46	61.80	100.00
黑龙江省	数量(个)	9	46	75	130
	比例(%)	6.92	35.39	57.69	100.00
合计	数量(个)	28	175	328	531
	比例(%)	5.27	32.96	61.77	100.00

5.1.2　样本合作社成员对服务的需求情况

不同地区、不同产品类型、不同发展阶段的合作社,其服务功能的发展情况会有一定差异,其成员大都已使用合作社相关的服务,也已认识到合作社的服务能够产生的经济利益。实地调查中,如果简单询问成员需要哪几项服务,成员对农资供应、生产管理、产品加工、产品销售等服务都呈现需求状态。如此,便不能很好地反映各项服务功能被需求的程度。因此,我们在调查中着重询问了成员从自身角度考虑,哪项服务是最希望合作社能够统一提供的,获取的数据总体情况如图5-4所示。如图显示,样本成员最为需求的产品服务是产品销售服务,比例为52.54%。可见,产品销售环节作为实现产品价值的关键环节,合作社的产品销售服务仍然是成员最为关心、最为需求的服务功能。其他成员最为需求的服务功能依次为:生产管理服务(23.16%)、产品加工服务(12.62%)、农资供应服务(11.68%)。这可能的解释是:部分产业特性对生产过程的标准化操作指导较为依赖,并且由于成员对合作社的认知有限,认为合作社最为必需的服务就是技术指导等生产管理服务,所以对生产管理服务最为需求的成员仍占有相当的比例。对于已经成为合作社成员的农民来说,享受合作社的农资供应服务是比较基本的一项权利(如果合作社具备这项服务功能的话),但农资供应服务能够带来的经济效益是有限的。随着合作社的发展,成员对合作社认知的加深,成员会越来越意识到农资供应服务是层次较低的服务活动,真正能够较大幅度提升经济效益的服务是产品销售服务和产品加工服务。所以,对合作社农资供应服务的需求相对于其他服务来说,会逐渐减弱。

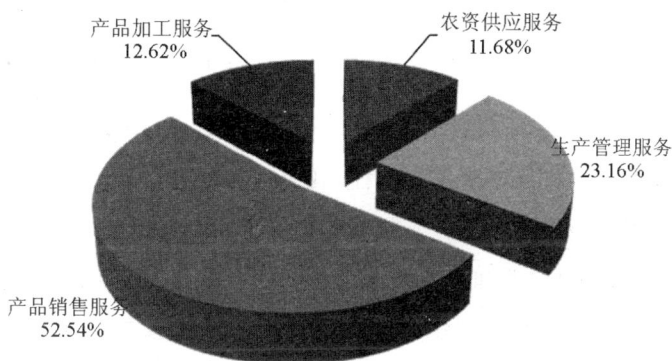

图 5-4　合作社服务需求总体情况

由于不同地区的合作社发展程度不一致以及其他环境因素,不同地区的样本成员对合作社的服务需求也有一定的差异(详见表 5-9)。黑龙江省被调查的样本成员所从事的产业主要是粮食产业,而粮食产业的生产技术较为成熟,销售渠道也较为稳定,而成员的生产规模较其他省份明显较大,农资供应服务能够节约更多的投入成本,故黑龙江地区的样本成员对农资供应服务有需求的数量占比(17.69%)要高于浙江省(10.31%)和四川省(8.99%),对生产管理服务需求的数量占比(22.31%)要低于浙江省(23.32%)和四川省(23.60%)。但是因为黑龙江的粮食产业较为成熟,在销售已经不是大问题的时候，成员更多地倾向于追求附加值，即对粮食类原材料进行初加工和深加工，进行品牌营销，以期获取更多利润，所以，对于产品加工服务的需求，黑龙江的样本成员数量占比（13.85%）要高于浙江省（13.45%）和四川省（10.67%）。

表5-9 分地区合作社服务需求情况

地 区		服务内容				
		农资供应	生产管理	产品销售	产品加工	合计
浙江省	数量（个）	23	52	118	30	223
	比例（%）	10.31	23.32	52.92	13.45	100.00
四川省	数量（个）	16	42	101	19	178
	比例（%）	8.99	23.60	56.74	10.67	100.00
黑龙江省	数量（个）	23	29	60	18	130
	比例（%）	17.69	22.31	46.15	13.85	100.00
合计	数量（个）	62	123	279	67	531
	比例（%）	11.68	23.16	52.54	12.62	100.00

生产经营不同产品类型的合作社，其成员对服务需求的差异比不同地区之间服务的需求差异要更大。如表5-10所示，对农资供应服务最为需求的样本成员中，以粮食产业和生猪产业的数量占比较高（17.70%、15.79%），水果产业的样本成员占比最低（6.88%）。对生产管理服务最为需求的样本成员中，生猪产业的数量占比最高（38.60%），其次分别为粮食、蔬菜、水果和肉鸡产业。对产品销售服务最为需求的样本成员中，水果产业的数量占比最高（66.25%）。因为水果的易腐烂、运输难等产品特性，销售环节是其关键节点，并且水果产业内部不同产品类别的加工设施设备差异较大，资产专用性较强，短时间难以快速步入加工阶段，所以销售服务必将是长时间内成员最为需要的服务。加工服务暂时仍在大部分成员期望范围之外，故水果产业中对加工服务需求数量占比也是最低的。

另外，对于产品加工服务的需求，生猪产业和肉鸡产业中的样本成员占比要明显低于粮食产业和蔬菜产业。因为养殖类产品的特殊性，其产品加工制度门槛较高，投资成本也较高。例如，生猪产业的生猪屠宰厂的组建需要符合多项国家要求,肉类加工要求更是严格,对场地、人力、物力、技术都有较高的要求,所以不但农民个人力量难以进入养殖业的加工环节,农民联合而成的合作社因产权模糊、资金缺乏等固有问题,其实也难以进入产业链中的加工环节。所以,在多重困难现实面前,成员一般基于理性角度考虑,更希望合作社能够提供切实增加效益的一些服务功能。

表 5-10 分产业合作社服务需求情况

产　业		服务内容				
		农资供应	生产管理	产品销售	产品加工	合计
粮食	数量(个)	20	28	42	23	113
	比例(%)	17.70	24.78	37.17	20.35	100.00
蔬菜	数量(个)	13	29	61	23	126
	比例(%)	10.32	23.02	48.41	18.25	100.00
水果	数量(个)	11	33	106	10	160
	比例(%)	6.88	20.62	66.25	6.25	100.00
生猪	数量(个)	9	22	22	4	57
	比例(%)	15.79	38.60	38.60	7.01	100.00
肉鸡	数量(个)	9	11	48	7	75
	比例(%)	12.00	14.67	64.00	9.33	100.00
合计	数量(个)	62	123	279	67	531
	比例(%)	11.68	23.16	52.54	12.62	100.00

5.2 农民专业合作社服务需求的影响因素分析

5.2.1 实证框架

合作社服务需求的主体是组织中进行生产活动的农民成员。农民选择加入合作社进行合作,根本目的就是为了增加生产效益,而增加生产效益的直接手段就是使用合作社的服务。所以,成员对合作社的服务需求就是对加入合作社的合作需求。目前针对合作社服务需求影响因素的研究很少,但针对成员农户或非成员农户的合作需求已有较多研究，这些研究对我们研究服务需求的影响因素有一定的借鉴作用。

　　基于已有的研究成果和上文对合作社服务需求的分析，本书将影响成员对合作社服务需求的因素归纳为人力资源因素、生产资源因素、组织资源因素、产品特性因素、地区特征因素等。由此，本章提出图 5-5 所示的合作社服务需求影响因素实证分析框架。这五类因素对合作社服务需求的影响机理存在很大差异。成员对某项服务的需求是基于其对该服务能实现价值的判断。判断的基础是认知，而认知受到个人认知能力和外部环境的影响，外部环境不仅会影响认知能力，还会影响个体对行为价值的判断，限制个体行为选择的范围（周洁红、李凯，2013）。就成员对合作社的服务需求而言，其需求与否取决于这种服务能否为他带来正的预期生产收益。成员的人力资源因素，包括年龄、文化程度、加入合作社的年限等都是其个人认知能力的反映，能够直接影响其对合作社服务的需求，进而影响服务内容的选择；生产资源因素，包括家庭生产经营规模、生产设施设备价值、是否当地特色产业或者主要产业、专业化生产等经济特征对成员服务需求施加了经济上的约束；法律

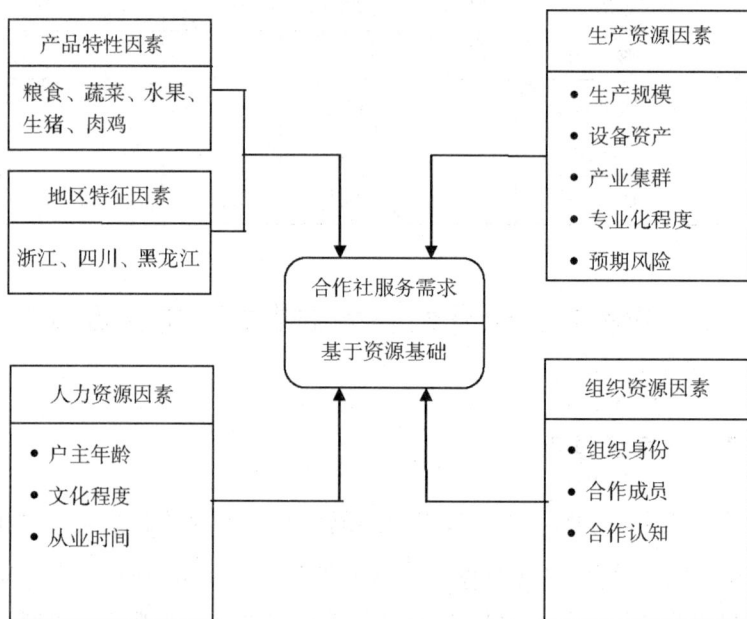

图 5-5　合作社服务需求影响因素的实证分析框架

法规或政策扶持等制度资源既影响成员对服务价值的感知,又从法律、制度层面约束了成员选择的范围。从各类影响因素的作用机理来看,这些因素对成员服务需求的影响并非一成不变,市场环境变化、政策调整等都会对成员的服务需求产生一定的影响。

5.2.2 模型选择

根据成员对最需要的合作社服务内容的不同选择,本研究的因变量可以划分为农资供应服务、生产管理服务、产品加工服务、产品销售服务等四类。而当并不确定某个变量是次序的还是非次序的时候,一个明智的选择是把它当成非次序的来对待,并用多元 Logit 的方法对以它为因变量的模型进行估计(瓦尼・布鲁雅,2012)。因此,本文选择多元 Logit 模型[①]研究各种因素对成员选择概率的影响。

假设成员对合作社服务的选择概率符合逻辑概率分布函数(cumulative logistic probability function),即:

$$P_i = F(Z_i) = F(\alpha + \beta X_i) = \frac{1}{1 + e^{-Z_i}} = \frac{1}{1 + e^{-(\alpha + \beta X_i)}} \tag{5.1}$$

式(5.1)中,$F(Z_i)$ 是累计概率函数;e 是自然对数的底;P_i 是既定 X_i 情形下,成员作出某一选择的概率。

如果需要对式(5.1)进行估计,则要作如下变形:

首先,式(5.1)中两边同乘以 $1 + e^{-Z_i}$,得到:

$$(1 + e^{-Z_i})P_i = 1 \tag{5.2}$$

然后,式(5.2)两边同时除以 P_i,再减去 1,得到:

$$e^{-Z_i} = \frac{1}{P_i} - 1 = \frac{1 - P_i}{P_i} \tag{5.3}$$

因为 $e^{-Z_i} = 1/e^{Z_i}$,所以式(5.3)可变形为:

$$e^{Z_i} = \frac{P_i}{1 - P_i} \tag{5.4}$$

最后,对两边取自然对数,得到:

---

① 具体方法的使用可参见:[美]平狄克(Pindyck),[美]鲁宾费尔德(Rubinfeld).计量经济模型与经济预测.北京:机械工业出版社,1999:190—198。

$$Z_i = \log \frac{P_i}{1 - P_i} \tag{5.5}$$

结合式(5.1)和式(5.5)得到：

$$\log \frac{P_i}{1 - P_i} = Z_i = \alpha + \beta X_i \tag{5.6}$$

以上我们讨论的是只有两种选择的情况，而在本研究中，选择的结果有四种。即若 Y 为因变量，则 Y 的选择结果有四种，假设为 I、M、S、P，四类中以 I 为参照组(base category)，X 为自变量，则三种取值的 logit 回归模型可以表示为：

模型一：

$$Y_1 = \log \frac{P_M}{P_I} = (\alpha_2 - \alpha_1) + (\beta_2 - \beta_1)X \tag{5.7}$$

模型二：

$$Y_2 = \log \frac{P_S}{P_I} = (\alpha_3 - \alpha_1) + (\beta_3 - \beta_1)X \tag{5.8}$$

模型三：

$$Y_3 = \log \frac{P_P}{P_1} = (\alpha_4 - \alpha_1) + (\beta_4 - \beta_1)X \tag{5.9}$$

式(5.7)、式(5.8)、式(5.9)中的 P_I、P_M、P_S、P_P 分别表示成员选择农资供应服务、生产管理服务、产品销售服务、产品加工服务的概率。

5.2.3 变量说明与描述

根据前述合作社服务需求影响因素实证模型，本书根据产品特性因素、人力资源因素、生产资源因素、组织资源因素和地区特征因素等分别选取产品类别、户主的年龄、文化程度、从业时间、生产规模、设备资产、产业集群、专业化程度、预期风险、组织身份、合作成员、地区分布等可测量变量进入模型（具体见表 5-11）。

表 5 - 11 合作社服务需求影响因素实证模型涉及的变量含义及统计描述

可测量变量		变量含义及赋值	平均值	标准差
产品类别	粮食	粮食类合作社(是=1;否=0)	0.21	0.41
	蔬菜	蔬菜类合作社(是=1;否=0)	0.24	0.43
	水果	水果类合作社(是=1;否=0)	0.30	0.46
	生猪	生猪类合作社(是=1;否=0)	0.11	0.31
	肉鸡	肉鸡类合作社(是=1;否=0)	0.14	0.35
户主年龄		户主的实际年龄(岁)	46.79	10.11
文化程度		户主的受教育程度(文盲=1;小学=2;初中=3;高中=4;大学及以上=5)	3.21	0.90
从业时间		从事产品生产经营的年数(年)	11.81	8.74
生产规模		家庭种植或养殖规模(亩/只/头)	2.17	3.26
设备资产		家庭拥有相关农用设备的现值(万元)	-1.94	2.90
产业集群		产品类型是否为当地特色产业或优势产业(是=1;否=0)	0.74	0.44
专业化程度		农业收入占家庭总收入的比例(%)	0.75	0.42
预期风险		成员认为其生产经营产品的风险大小(没有=1;较小=2;一般=3;较大=4;非常大=5)	2.59	1.01
组织身份		是否是合作社核心成员(是=1;否=0)	0.27	0.44
合作成员		合作社是否有加工企业(是=1;否=0)	0.38	0.49
合作认知		对合作社与企业区别的认知度(低=1;中=2;高=3)	2.56	0.59
地区分布	浙江省	所处地在浙江省(是=1;否=0)	0.42	0.49
	四川省	所处地在四川省(是=1;否=0)	0.34	0.47
	黑龙江省	所处地在黑龙江省(是=1;否=0)	0.24	0.43

注:本节对经营规模和设备资产的数据进行自然对数变换。对数据进行自然对数变换不改变原来的协整关系,且能使其趋势线性化,并在一定程度上能够消除序列存在的异方差性。

1. **产品特性因素**

产品特性是成员进行生产经营的农产品的生产技术特性和市场交易特性。农产品的类型对成员关于合作社不同服务的需求有很大的关系。根据前文的讨论，合作社的产业分布特征明显，主要集中在种植业和畜牧业。而种植业中尤以鲜活农产品行业集中度更高，鲜活农产品具有鲜活性、易损的特点，难以长期保存，农户承担的市场风险较大，而其储存成本高，技术要求高，需要大量的资本投入；而像畜牧业中的奶业，资产专用性强、生长周期长、资金回笼慢，且在牛奶的生产和销售过程中，奶业生产设备需要大量资产投入，属于农业中的重工业，是一项技术密集型行业。这些都使得从事这些行业的成员愿意加入合作社，使用合作社的服务，但不同的产品特性又影响着成员对合作社不同服务的需求程度。综合考量各类产品的差异，本书选取粮食、蔬菜、水果、生猪、肉鸡等五个类别，并以粮食类为参照组进行比较分析。

2. 人力资源因素

人力资源因素主要指成员（户主）的教育、能力、经验等。本书选取成员的年龄、文化程度、合作认知、风险预期来衡量成员的人力资源情况。不同年龄阶段和文化程度的成员，由于生理、心理和社会差异的存在，导致各自特有的不同的观念，会对合作社的不同服务有不同的认知，继而产生不同的服务需求。从业时间影响成员对本产品类型的生产、销售等情况的了解程度，也会影响其对合作社不同服务内容的需求程度。

3. 生产资源因素

成员的生产资源因素对成员的服务需求影响比较多，主要有经营规模、设备资产、产业集群、专业化程度及产品风险等。经营规模是指成员家庭从事相关农产品种植或养殖的规模。一般经营规模大的成员，由于在生产过程中投入的技术、资金及精力较多，承担的风险也比较大，并且产品的销售过程中遇到的问题比一般小规模经营成员要多，因而与一般成员对合作社不同服务的需求相比，具有一定的差异。本书的产业集群是指成员生产经营的产品类型是否当地特色产业或优势产业。如果是当地特色产业或优势产业，农产品市场发育程度一般较为完善，成员销售难度较低，但要提升附加值仍需要一定程度的合作。专业化程度主要是指农户家庭农业收入占家庭总收入的比例，专业化程度高的农户，由于对农业收入的依赖性差，专业性不强，其组建合作组织带来的预期收益要高于专业化程度低的成员。这些因素都会在一定程度上影响成员对合作社不同服务内容的需求程度。

4. 组织资源因素

这里的组织资源因素,特指相对于成员家庭而言,成员在合作社所具备的资源基础,包括组织身份、合作成员及合作认知等。组织身份指成员在合作社中是核心成员还是普通成员。经典的合作社中,成员是同质的,很多理论也是基于成员的同质性而产生的。但随着社会经济的发展与时代的要求,成员异质性已经是合作社理论界不可回避的问题。一般,基于成员的异质性,合作社成员分为核心成员与普通成员,相比而言,核心成员拥有更多的组织控制权和剩余索取权。所以,理论上,与普通成员相比,核心成员更倾向于参加合作社的各项服务活动。合作成员在这里特指合作社是否具有企事业性质的单位成员。企事业单位成员拥有更多的人力、物力和财力,而且加入合作社的企业单位,多为龙头企业,实力雄厚,销售或加工服务都较强,但这种情形下的加工产生的收益并不一定能够返还给合作社,所以成员对加工服务的需求程度并不一定更深。合作认知变量在这里是指成员在参与合作社各种服务活动之后,对合作社与企业区别的认知度情况。成员的合作认知一定程度上反映了合作社运行的规范性、发展的可持续性等。一般而言,成员对合作社的认知越清楚,越会意识到合作社是自己的组织,是为自我服务而存在,合作社的利润是所有成员共同的利润,进而会对合作社的标准化生产管理、产品加工服务等产生更强的需求,而不仅限于农资供应服务的即时性节约成本效益。

5. 地区特征因素

中国地域广阔,各个地区农业生产发展并不平衡,有经济因素,也有非经济因素。东部地区经济开放较早,市场化程度较高,但农业生产的重要资源——土地资源十分紧缺;中西部地区经济开放较晚,合作社发展较慢,但农户相对集中;东北地区自然资源丰厚,户均土地规模较大,但农业生产投入也大。所以,为控制合作社所处区域不同而对估计结果产生影响,故将地区分布变量作为控制变量,以期减小模型的误差。

5.2.4　实证结果与分析

本书运用 STATA 12.0 分析软件,以成员对农资服务需求为参照组,利用最大似然估计法,对合作社服务需求的影响因素实证模型进行估计(以农资供应服务为参照组）。从模型估计结果可以看出（见表 5-12），产品特性变量、人力资源变量、生产资源变量、组织资源变量都从某些方面影响着合作社成员对其服务的需求。

表 5-12　合作社服务需求影响因素实证模型的估计结果

		生产管理服务	产品销售服务	产品加工服务
产品特性（以粮食类合作社为参照组）	蔬菜	0.39	1.37***	1.08*
		(0.71)	(2.65)	(1.79)
	水果	−0.15	1.61***	−0.10
		(−0.26)	(2.99)	(−0.15)
	生猪	0.03	0.70	−0.38
		(0.04)	(1.18)	(−0.45)
	肉鸡	−1.06	1.59**	0.02
		(−1.51)	(2.57)	(0.02)
户主年龄		−0.01	−0.00	−0.02
		(−0.52)	(−0.12)	(−0.75)
文化程度		0.41*	0.00	−0.22
		(1.76)	(0.01)	(−0.81)
从业时间		−0.08***	0.08***	0.06**
		(−2.86)	(3.56)	(2.23)
经营规模		0.07	0.07	0.12*
		(1.11)	(1.29)	(1.73)
设备资产		−0.13*	0.01	0.02
		(−1.91)	(0.24)	(0.23)
产业集群		1.63***	1.10***	0.41
		(3.99)	(3.26)	(0.96)

		生产管理服务	产品销售服务	产品加工服务
专业化程度		0.39	0.43	0.78
		(0.88)	(1.02)	(1.54)
产品风险		0.11	0.01	−0.15
		(0.57)	(0.04)	(−0.69)
组织身份		16.69	16.38	17.90
		(0.02)	(0.02)	(0.02)
企业成员		0.06	0.37	0.71*
		(0.17)	(1.11)	(1.72)
合作认知		0.65**	0.68***	0.90***
		(2.34)	(2.75)	(2.61)
地区分布（以浙江为参照组）	四川省	0.55	0.31	0.25
		(1.23)	(0.76)	(0.48)
	黑龙江省	−0.33	−0.16	−0.24
		(−0.63)	(−0.33)	(−0.41)
	常数项	−3.60*	−3.74**	−3.47*
		(−1.94)	(−2.26)	(−1.66)
观察值		531	531	531
Log likelihood		−493.92		
Pseudo R^2		0.2176		

注：(1) *、**和***分别表示在10%、5%和1%水平上显著；(2)括号内为标准误的值；(3)回归分析以成员对农资服务需求为参照组。

1. 产品特性因素

估计结果显示，与成员对农资供应服务需求的概率相比：① 从事蔬菜产业的成员对产品销售服务和产品加工服务需求的概率分别在1%和10%水平上具有正向显著影响，即成员对产品销售服务和产品加工服务需求的概率与对农资供应服务需求的概率的比率，对于从事蔬菜产业的成员来说，会比具有同等条件的从事粮食产业的成员要高。对此，可能的解释是，与粮食类产品相对，蔬菜类产品更具有鲜活、易损的特点，难以长期保存，成员承担的市场风险较大，而其储存成本高，技术要求高，需要大量的资本投入。相比主要粮食产品的"保护价"，蔬菜产品中的"蒜你狠"、"姜你军"现象频发，而蔬菜产品的产后加工是应对蔬菜滞销的有效方法，还可以提升附加值。故蔬菜产业是销售环节主导型产业，种子、农资、技术在蔬菜生产过程中都不如最终将产品销售出去来的重要，所以相对于粮食产业而言，从事蔬菜产业的成员更加倾向于希望合作社提供产品销售服务和产品加工服务。② 从事水果产业的成员对产品销售服务需求的概率在1%水平上显著，即成员对产品销售服务需求的概率与对农资供应服务需求的概率的比率，对于从事水果产业的成员来说，会比具有同等条件的从事粮食产业的成员要高。水果的易腐、易损、难运输、难贮藏等产品特性，决定水果类产品的销售是成员最主要的难题。而随着生产水平的提高，人们生活中对水果数量及质量的需求不断提升，但水果的产品属性并不是外显的，需要一定的标识去凸显，所以水果产业的品牌营销尤为重要。而合作社依靠整体组织的力量进行品牌营销比单个成员独自营销具有更大的可能性和收益性。③ 从事肉鸡产业的成员对产品销售服务需求的概率在5%水平上显著，即成员对产品销售服务需求的概率与对农资供应服务需求的概率的比率，对于从事肉鸡产业的成员来说，会比具有同等条件的从事粮食产业的成员要高。这表明，在其他条件相同的情况下，生产经营不同类型农产品的成员在对合作社服务需求方面确实存在差异。

2. 人力资源因素

估计结果显示，与成员对农资供应服务需求的概率相比：① 成员的文化程度对生产管理服务需求的概率在10%的水平上显著，即成员对生产管理服务需求的概率与对农资供应服务需求的概率的比率，对文化程度高的成员来说，会比具有同等条件的文化程度较低的成员要高。发展良好的合作社的生产管理服务都不再局限于简单的技术指导，而更多的是对产品生产标准的要求及规范。文化程度越高的成员越可能理解生产过程管理对于产品的意义。② 成员的年龄对生产管理服务、产品销售服务、产品加工服务的需求概率的影响并不显著。③ 成员的相关产业从业时间对生产管理服务、产品销售服务、产品加工服务需求的概率分别在 1％（负向影响）、1％和 5％水平上显著，即成员对生产管理服务需求的概率与对农资供应服务需求的概率的比率，对相关产业从业时间长的成员来说，会比具有同等条件的相关产业从业时间短的成员要低；与之相反，成员对产品销售服务和产品加工服务需求概率与对农资供应服务需求的概率的比率，对相关产业从业时间长的成员来说，会比具有同等条件的相关产业从业时间短的成员要高。成员从业时间越长，对所生产的农产品种养习性和技术掌握的相对越多，对生产管理服务的需求则相对较少。

3. 生产资源因素

估计结果显示，与成员对农资供应服务需求的概率相比：① 经营规模因素对产品加工服务需求概率的影响在 10％的水平上正向显著，即成员对产品加工服务需求的概率与对农资供应服务需求的概率的比率，对经营规模越大的成员来说，会比具有同等条件的经营规模较小的成员要高。同时，经营规模对生产管理服务需求的概率和产品销售服务需求的概率影响并不显著。② 设备资产因素对生产管理服务需求概率的影响在 10％的水平上负向显著，即成员对生产管理服务需求的概率与对农资供应服务需求的概率的比率，对拥有设备资产较高的成员来说，会比具有同等条件的拥有设备资产价值较低的成员要低。同时，设备资产对产品销售服务需求的概率和产品加工服务需求的概率影响并不显著。③ 产业集群因素对生产管理服务需求的概率在 1％的水平上具有正向显著影响，即成员对生产管理服务需求的概率与对农资供应服务需求的概率的比率，对从事特色产业或优势产业的成员来说，会比具有同等条件的没有从事特色产业或优势产业的成员要高；产业集群因素对产品销售服务需求的概率影响在 1％的水平上具有正向显著影响，即成员对产品销售服务需求的概率与对农资供应服务需求的概率的比率，对从事特色产业或优势产业的成员来说，会比具有同等条件的没有从事特色产业或优势产业的成员要高。④ 专业化程度以及成员对产品风险的预期，对生产管理服务、产品销售服务、产品加工服务需求概率的影响并不显著，需要进一步检验。

4. 组织资源因素

估计结果显示，与成员对农资供应服务需求的概率相比：① 企业成员因素对产品加工服务需求的概率在 10％的水平上具有正向显著影响，即成员对产品加工服务需求的概率与对农资供应服务需求的概率的比率,对于所处合作社中具有企业性质成员的成员来说,会比具有同等条件的所处合作社中没有企业性质的成员要高。这表明,合作社组织资源对成员的需求具有一定的导向性作用。② 合作认知因素对生产管理服务需求、产品销售服务需求、产品加工服务需求的概率分别在 5%、1%、1% 的水平上具有正向显著影响。合作认知对生产管理服务需求的正向影响表明,成员对生产管理服务需求的概率与对农资供应服务需求的概率的比率,相较于对合作社与企业差别认识清楚的成员来说,会比具有同等条件下对合作社与企业差别认识不清楚的成员要高。这表明,对合作社本质了解越清楚的成员,对合作社的深层次的服务功能具有更强烈的需求。③ 组织身份对生产管理服务、产品销售服务、产品加工服务的需求概率的影响并不显著。可见,普通成员并不会因为自己在合作社中所处的"外围身份"而排斥合作社的各种服务,与核心成员一样,他们会基于自身生产经营需要的考量来选择合作社的服务。

此外,估计结果还显示,与成员对农资供应服务需求的概率相比,四川省和黑龙江省成员对生产管理服务、产品销售服务、产品加工服务的需求概率与浙江省的成员需求概率并无显著差别。

5.3　本章小结

本章基于浙江、四川、黑龙江三省 531 个合作社成员的调查数据,首先描述了样本成员的年龄、文化程度、生活水平、入社时间、入社批次、在社身份等基本情况和主要生产经营产品的类型以及从业时间、对产品的风险预期等基本现况。特别强调描述了成员对合作社的服务需求情况。随后,本章建立了农民专业合作社服务需求的实证模型,并利用成员层面的数据实证分析了影响合作社服务需求的相关因素,得出产品特性,成员的人力资源、生产资源,合作社的组织资源等都对成员服务需求有一定程度的影响。通过对影响合作社服务需求主要因素的实证分析,得出以下主要结论:

(1) 产品特性对合作社服务需求具有显著影响,生产经营不同产品类型的成员对合作社的不同服务有着不同的需求程度。尤其是,相较于粮食类产品而言,其他产品类型的成员更倾向于需要合作社的产品销售服务。所以,在推进不同产品类型合作社的服务功能时,不能盲目求同,要根据产业特性下的成员需求分别考量。

(2) 成员自身的人力资源禀赋会在一定程度上影响其对合作社服务的需求。这集中体现在成员的从业时间上,与对农资供应服务需求概率相比,成员从业时间越长,对生产管理服务的需求概率越小,而对产品销售服务和产品加工服务需求概率越大。这一方面表明,合作社对入社成员的从业经验的门槛性要求是有一定依据的,从业时间越长的成员,对产品的种养习性和技术越了解,也对这个产品的重要性有一定的路径锁定;另一方面也表明,成员对一种产品的生产经营时间越长,越想寻求改变,寻求更大的利润空间。

(3) 成员自身的生产资源因素约束了其对合作社不同服务的需求概率。相较于粮食类产品而言,处于特色产业或优势产业中的成员,对产品销售服务和产品加工服务都有更强的需求。特色产业因为其产品的独特性,其生产条件、技术要求、销售渠道、加工设备等都更为特殊,从而从事该产业的成员更加依赖服务组织;优势产业因为其已成为当地的主导产业,技术较为成熟、销售渠道较为稳定,但"不安分的"成员必然会寻求更大的利润空间——合作社统一销售服务的规模效益以及合作社加工服务的附加值等。这也为我国大力发展"一村一品"提供了一定的理论依据。

(4) 合作社的组织资源对成员的需求也有重要影响。从实证结果分析中可以看出,合作社有无企事业单位对于成员对加工服务需求有显著影响。产品加工环节,是最能提升农业产业利润的环节,也是对人力、物力、财力等要求最高的服务环节。目前,合作社的产品加工服务供给不尽如人意,只是具有企事业单位成员的合作社更有可能提供产品加工服务。尽管,企事业单位的加工利润不一定最终返还给成员,但起码这"启蒙了"成员对产品加工服务的需求,使成员能够意识到加工服务的存在及其利润空间,让成员觉得加工并不是离自己很遥远的事情。所以,实践中,我们不要故步自封,一味坚持所谓的"经典才是最好的",反对所谓"合作社的异化"。其实,存在即是有道理的。目前来看,企业领办型的合作社虽然基于自身利益的一些考虑,没有能够完全实现成员的民主控制和利润的"平均"分配,但无疑这种模式促进了成员对合作社某些服务的需求。企事业单位等资源因素也是合作社服务功能演进中强有力的推动因素之一。

6 农民专业合作社服务功能的
供给及其影响因素

农民专业合作社从根本上说是由于成员的服务需求而存在并发展的。但是,农民专业合作社是否对成员所需的服务进行了充分的供给,以及哪些因素影响着其供给行为,这是本章要利用三省数据进行探讨的问题。

6.1 农民专业合作社服务供给概况

本节基于浙江、四川和黑龙江三省 238 个农民专业合作社组织层面的数据,统计描述样本农民专业合作社的基本情况及其服务供给情况。

6.1.1 合作社服务供给的总体情况

关于合作社服务供给的总体情况,由表 6-1 可知,产品销售服务的统一供给比例最高,为 82.35％,而产品加工服务的比例最低,仅为 42.02％,农资供应服务和生产管理服务的比例较为接近产品销售服务,分别为 81.93％ 和 81.09％。可见,对于合作社服务供给的总体情况,除了产品加工服务以外,比例都是相对较高的,都占到了样本合作社总数的八成以上。

表 6-1　合作社服务供给的总体情况($N=238$)

	统一供给		不统一供给	
	数量(个)	比例(%)	数量(个)	比例(%)
农资供应	195	81.93	43	18.07
生产管理	193	81.09	45	18.91
产品销售	196	82.35	42	17.65
产品加工	100	42.02	138	57.98

但由图 6-1 可详细看出不同地区合作社对合作社服务的供给情况还是有一定差异的。其中,统一进行农资供应服务的比例由高到低是:四川省、浙江省、黑龙江省,分别为 28.29%、27.12%、26.46%;统一进行标准化生产管理服务的比例由高到低是:四川省、浙江省、黑龙江省,分别为 32.18%、30.51%、28.25%;统一进行产品销售服务的比例由高到低是:四川省、黑龙江省、浙江省,分别为 28.68%、28.25%、27.96%;统一进行产品加工服务的比例由高到低是:黑龙江省、浙江省、四川省,分别为 17.04%、14.41%、10.85%。

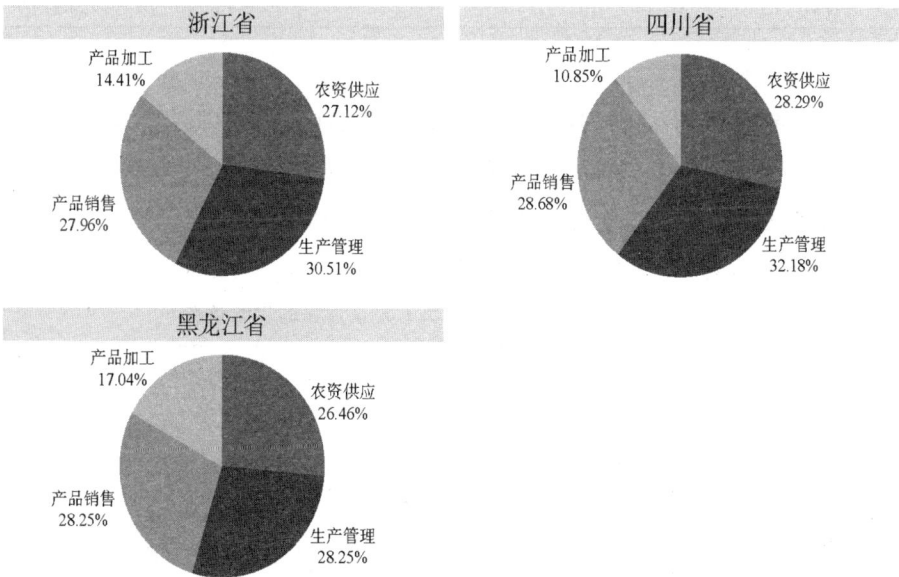

图 6-1　各地区合作社对各项服务的供给情况

6.1.2 合作社服务供给的分产业情况

对实地调查获取的一手数据进行分析后发现,不仅不同地区合作社服务供给情况具有一定差异,不同产业之间的服务供给情况差异也比较明显。

1. 农资供应服务

由表6-2可知,粮食、蔬菜、水果、肉鸡等四类产品的合作社农资供应服务进行统一供给的数量占各产品类型样本总数的比例都超过了八成,只有生猪产业的相应比例为62.16%,与其他产品类别的比例差距较大。

表6-2 合作社农资供应服务的供给情况

		统一供给		不统一供给	
		数量(个)	比例(%)	数量(个)	比例(%)
粮食	81	70	86.42	11	13.58
蔬菜	43	35	81.40	8	18.60
水果	52	45	86.54	7	13.46
生猪	37	23	62.16	14	37.84
肉鸡	25	22	88.00	3	12.00
合计	238	195	81.93	43	18.07

2. 生产管理服务

由表6-3可知,目前大部分合作社都能提供产中技术服务指导或培训,显示不出差异性,故本书将生产管理服务界定为合作社对成员在生产过程中的投入品使用标准、产品质量等有一系列要求与指导,进行全方位的生产管理服务,即一般意义上的标准化生产管理服务。

表6-3 合作社技术指导或教育培训服务的供给情况

		统一供给		不统一供给	
		数量(个)	比例(%)	数量(个)	比例(%)
粮食	81	72	88.89	9	11.11
蔬菜	43	40	93.02	3	6.98
水果	52	51	98.08	1	1.92
生猪	37	31	83.78	6	16.22
肉鸡	25	24	96.00	1	4.00
合计	238	218	91.60	20	8.40

关于分产业的合作社服务供给情况,由表6-4可知,种植类和养殖类合作社统一供给的比例较高,特别是粮食类和蔬菜类合作社,达到93.00%以上,但养殖类合作社统一供给比例明显低于种植类合作社,生猪类和肉鸡类合作社都不超过60.00%。

表6-4 合作社生产管理服务的供给情况

		统一供给		不统一供给	
		数量(个)	比例(%)	数量(个)	比例(%)
粮食	81	76	93.83	5	6.17
蔬菜	43	40	93.02	3	6.98
水果	52	43	82.69	9	17.31
生猪	37	19	51.35	18	48.65
肉鸡	25	15	60.00	10	40.00
合计	238	193	81.09	45	18.91

3. 产品销售服务

由表6-5可知,蔬菜类和水果类合作社提供统一产品销售服务的比例较高,分别为90.70%和90.38%;粮食类和生猪类合作社提供统一产品销售服务的比例较低,分别只有77.78%和67.57%。这与它们的产品特性关系较大,粮食类产品是国家关键性产业,是保证国泰民安的基础,国家对其扶持力度较大,例如粮食直补、对主要粮食购销实行保护价等政策,所以销售服务不是粮食类产品的关键服务。

表6-5 合作社产品销售服务的供给情况

		统一供给		不统一供给	
		数量(个)	比例(%)	数量(个)	比例(%)
粮食	81	63	77.78	18	22.22
蔬菜	43	39	90.70	4	9.30
水果	52	47	90.38	5	9.62
生猪	37	25	67.57	12	32.43
肉鸡	25	22	88.00	3	12.00
合计	238	196	82.35	42	17.65

4. 产品加工服务

表 6－6 可知,由于生猪类产品的检验检疫等原因,其合作社的产品加工服务供给比例最低,仅为 10.81%;而由于蔬菜易腐等特性,产品加工服务供给的比例最高,达到 65.12%。

表 6－6　合作社产品加工服务的供给情况

		统一供给		不统一供给	
		数量(个)	比例(%)	数量(个)	比例(%)
粮食	81	33	40.74	48	59.26
蔬菜	43	28	65.12	15	34.88
水果	52	25	48.08	27	51.92
生猪	37	4	10.81	33	89.19
肉鸡	25	10	40.00	15	60.00
合计	238	100	42.02	138	57.98

6.2　农民专业合作社服务供给的影响因素分析

合作社对每项服务内容是否提供的影响因素,对于每一项服务内容而言,被解释变量为"农民专业合作社是否提供了该项服务",提供了该项服务,其值为"1";没有提供该项服务,其值为"0"。由于这一指标是属于"0－1"型二分类变量,所以本部分将采用二元 Logit 模型进行分析。

6.2.1　实证框架

本书在已有研究成果的基础上,运用资源基础理论,同时结合合作社的特点,选取产品特性因素、人力资源因素、经营资源因素和制度资源因素和地区特征因素等五个方面的因素,作为影响合作社服务供给的待验证因素(实证框架如图 6－2 所示)。这五类因素对合作社服务供给的影响机理存在一定程度的差异。产品特性因素是影响合作社产生和发展的重要因素,也是影响农民合作社服务需求与供给的主要因素之一。不同产品的不同生产经营环节的重要性并不同等重要,例如水果类产品的技术和销售是其关键环节,而粮食类产品的良种选择是其关键环节。所以,不同产品特性决定了合作社在为成员提供服务时的不同侧重。人力资源因素是影响合作社服务供给的最重要因素,合作社由所有成员自愿结合组成,成员的能力和素质、成员的结构都在相当程度上影响着合作社的发展水平(徐旭初,2005)和服务供给能力。合作社兼有企业和共同体属性,对内以服务成员为宗旨,对外以市场需求为导向,其服务供给必然立足于其所处的经营资源之上,同时也受到组织的制度资源因素的约束。总之,不同地区的合作社,在产品特性因素的影响下,通过人力资源对经营资源和制度资源的充分整合利用,实现对合作社服务的有效供给。

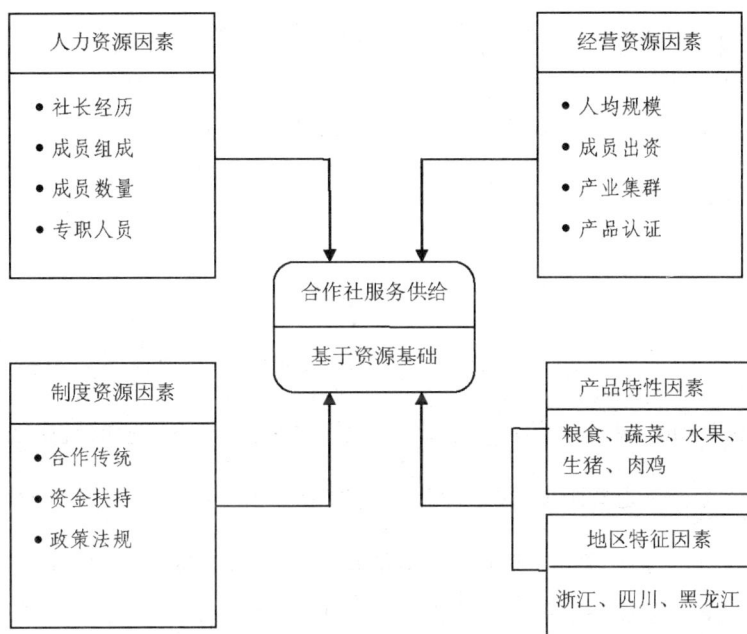

图 6-2　合作社服务供给影响因素的实证分析框架

6.2.2　模型选择

在上述统计描述性分析的基础之上,本部分将运用 STATA 12.0 中的回归模型进一步分析产品特性因素、人力资源因素、经营资源因素、制度资源因素和地区特征因素对合作社是否供给某项服务内容的影响。根据上文所述,合作社服务供给的内容有四类,分别为:农资供应服务、生产管理服务、产品销售服务和产品加工服务。对于每一项服务功能而言，合作社都可以选择供给或者不供给，即被解释变量具有非连续性的特点，一般的线性回归模型并不适用。若将合作社供给第 k 项服务记为"1"，不供给第 k 项服务记为"0"（k＝1,2,3,4），则每项服务功能的供给与否都是一个"0－1"型变量，所以，只能选用二元选择模型（Binary-choice model）。本部分采用二元 Logit 模型进行实证分析。合作社第 k 项服务供给的概率 p_k 介于 0 和 1 之间，符合逻辑概率分布函数。基本形式为：

$$p_k = \frac{1}{1 + \exp\left[-\left(\beta_0 + \sum_{i=1}^{n}\beta_i x_i\right)\right]} \tag{6.1}$$

对 p_k 作 logit 转换，即取 $\frac{p_k}{1-p_k}$ 的自然对数，得到：

$$\ln\left(\frac{p_k}{1-p_k}\right) = \beta_{k0} + \sum_{i=1}^{n}\beta_{ki}x_{ki} + \mu_k \tag{6.2}$$

记 $\ln\left(\frac{p_k}{1-p_k}\right) = \log it\, p$，得到

$$\log it\, p = \beta_{k0} + \sum_{i=1}^{n}\beta_{ki}x_{ki} + \mu_k \tag{6.3}$$

式(6.1)至式(6.3)中，p_k 为合作社提供第 k 项服务的概率；$\frac{p_k}{1-p_k}$ 为相对风险比（Odds Ratio），表示合作社供给第 k 项服务的概率与不供给的概率之比；x_{ki} 是解释变量；β_{k0} 是截距项，表示解释变量取值全为 0 时，比数 $\frac{p_k}{1-p_k}$ 的自然对数值；β_{ki} 是待估回归系数，表示在其他解释变量取值保持不变的情况下，该解释变量取值每增加一个单位所引起 $\log it\, p$ 的变化量；μ_k 是随机扰动项，表示模型主要解释变量以外因素对被解释变量的影响。

由此得出本部分的具体计量模型：

$$\begin{aligned}
\log it\,(S_j) = {} & \beta_0 + \beta_1 pro_{it} + \beta_2 job_{it} + \beta_3 org_{it} + \beta_4 po\, p_{it} \\
& + \beta_5 em\, p_{it} + \beta_6 sca_{it} + \beta_7 ca\, p_{it} + \beta_8 clu_{it} + \beta_9 cer_{it} \\
& + \beta_{10} tra_{it} + \beta_{11} fun_{it} + \beta_{12} reg_{it} + \beta_{13} are_{it} + \mu
\end{aligned} \tag{6.4}$$

式(6.4)中，共有 4 个子模型，分别为农资供应服务供给影响因素实证模型、生产管理服务供给影响因素实证模型、产品销售服务供给影响因素实证和

产品加工服务供给影响因素模型。模型中的解释变量依次为产品类别、社长经历、成员组成、成员数量、专职人员、人均规模、成员出资、产业集群、产品认证、合作传统、资金扶持、政策法规和地区分布等 13 个具体的可测量变量。

6.2.3 变量说明与描述

在本书中，拟探讨的被解释变量是"合作社是否统一提供农资供应服务"、"合作社是否统一提供生产管理服务"、"合作社是否统一提供产品销售服务"、"合作社是否统一提供产品加工服务"。根据研究假设，主要从产品特性、人力资源、经营资源、制度资源、地区特征等变量进行考察，各变量的含义、赋值及统计描述见表 6-7。

表 6-7 合作社服务供给影响因素实证模型中自变量的含义、赋值及统计描述

可测量变量		含义及赋值	平均值	标准差
产品类别（设置为虚拟变量，以粮食为参照组）	粮食	粮食类合作社（是＝1；否＝0）	0.34	0.47
	蔬菜	蔬菜类合作社（是＝1；否＝0）	0.18	0.39
	水果	水果类合作社（是＝1；否＝0）	0.22	0.41
	生猪	生猪类合作社（是＝1；否＝0）	0.16	0.36
	肉鸡	肉鸡类合作社（是＝1；否＝0）	0.11	0.31
社长经历（设置为虚拟变量，以农民为参照组）	农民	包括普通农民和种养大户（是＝1；否＝0）	0.17	0.37
	村干部	主要指村支书、村长（是＝1；否＝0）	0.28	0.45
	个体户	包括个体户、农村经纪人（是＝1；否＝0）	0.27	0.44
	企业家	担任过相关企业的主要领导人（是＝1；否＝0）	0.18	0.39
	公务人员	乡镇及以上的政府或相关机构的工作人员（是＝1；否＝0）	0.07	0.26
成员组成		是否有企、事业单位或者社会团体成员（是＝1；否＝0）	0.59	0.49
成员数量		合作社的成员数（百户）	0.75	1.89
专职人员		设立专职经理或秘书长职务（是＝1；否＝0）	0.32	0.47
人均规模		成员主营产品的平均生产经营规模	3.24	1.36

续　表

可测量变量		含义及赋值	平均值	标准差
成员出资		成立之初的成员出资额(万元)	2.85	1.61
产业集群		主营产品产业生产集中程度(低＝1；较低＝2；中＝3；高＝4)	2.32	0.65
产品认证		是否获得相关产品认证(是＝1；否＝0)	0.74	0.44
合作传统		合作社是否由协会等合作组织转变而来(是＝1；否＝0)	0.36	0.48
资金扶持		是否获得政府资金扶持并已投入使用(是＝1；否＝0)	0.74	0.44
政策法规		当地有关农民专业合作社政策法规的完善及执行程度(低＝1；中＝2；高＝3)	2.01	0.78
地区分布(设置为虚拟变量，以浙江省为参照组)	浙江省	所处地在浙江省(是＝1；否＝0)	0.31	0.46
	四川省	所处地在四川省(是＝1；否＝0)	0.39	0.49
	黑龙江省	所处地在黑龙江省(是＝1；否＝0)	0.30	0.46

注：(1)调查获得的成员出资数据差异较大，为缩小取值范围，减少模型误差，故对其取对数。(2)由于农民专业合作社生产经营的产品类型不同，经营规模不具有可比性，故使用极值化方法进行无量纲化处理，具体处理公式为 $x=(x_i-min)(max-min)$，其中 min 为所在项的最小值，max 为所在项的最大值。(3)产品认证主要包括无公害农产品、绿色食品、有机食品等认证。社长经历中以社长正在从事或者从事时间最长为主。

1. 产品特性因素

产品特性是影响合作社产生和发展的重要因素，也是影响合作社服务供给的主要因素之一。由于产品特性的差异，不同产品类型的合作社在组织规模、治理结构与运营绩效等方面都存在不同程度的差异(黄祖辉、邵科，2010)。产品特性一般包括合作社进行服务的农产品的生产技术特性和市场交易特性。其中，关于生产技术特性，与粮食类合作社的产品易储存、耐损耗、同质性强等产品特性相比，蔬菜类、水果类、生猪类和肉鸡类合作社的产品将面临储存、保鲜、加工和产品品质与功能差异化等困难，因此，其成员对合作社的服务功能要求更高，接受程度也会更深。就市场交易特性而言，一般从资产专用性、不确定性和交易频率三个维度区分(Williamson，1985)。资产专用性主要体现为资产投入的专用性和场地的专用性。资产专用性强,使成员面对其交易对手很容易遭遇"敲竹杠"和"锁定"问题,产生合作社合作的需求,促使合作社提供统一的服务;不确定性强,特别是市场风险大的产品经营者,会寻求统一的服务以抵御风险;而交易频率高,可以回购提供服务的投资成本。例如,水果类、蔬菜类的产品交易频率要明显高于粮食类产品,生猪类、肉鸡类产品的资产专用性也要明显高于粮食类产品等。所以,综合考量各类产品的差异,本书选取粮食、蔬菜、水果、生猪、肉鸡等五个类别,并以粮食类为参照组进行比较分析。

2. 人力资源因素

人力资源禀赋直接决定合作社的创建与发展,影响着合作社服务的供给。合作社的人力资源因素主要包括社长的经历、合作社的成员组成、成员数量以及有无专职从业人员。合作社社长(合作社企业家)主要有以下几个方面的作用:第一,社长是合作社成立的必要前提。虽然理论上分析,不难看出合作社具有经济合理性,能够为成员实现规模经济、降低风险、减低交易费用以及使得外部性内部化,但是作为普通农户,由于个人理性以及资金、技术、社会资本缺乏等种种限制,在普通农户中难以内生出合作社(张晓山,2002;贺雪峰,2004),只有借助能够承担创建合作社成本的个人或者组织(即合作社社长或企业家)来建立合作社。第二,社长是提高合作社效率,确保合作社可持续发展的重要基础。目前,合作社普通成员的能力普遍不足,为了发展得更好,只能依靠社长的才能。第三,社长还可以缓解合作社现有的制度不完善等带来的一系列问题。在调查中,我们发现,虽然合作社建立之时,大多会根据《农民专业合作社法》的规定,制定各种章程,然而在实际运作中,很多时候还是由社长或者理事会的其他成员控制合作社的发展。合作社的其他人力资源也相当重要,例如有无企事业单位成员、成员总数量等也会影响合作社的服务供给。

3. 经营资源因素

合作社兼有企业和共同体属性,对内以服务成员为宗旨,对外以市场需求为导向,其服务的供给必然立足于其所处的经营条件之上。本书所指的经营资源主要包括人均规模、成员出资、产业集群和产品认证等。个体成员的人均经营规模对合作社服务供给的影响还有待观察。一方面,个体成员的规模越小，从合作社服务功能中所获得的利益可能就越少，越不在意合作社提供的服务；另一方面，个体成员的规模越大，在市场中地位相对较强，一旦合作社所提供的服务不能满足其需求，很容易自立门户，只接受合作社提供的公益性服务，如技术指导等。但一旦合作社具备产品认证资格，为保证合作社生产经营的农产品质量安全，就必须要求成员按照统一的标准或统一的服务进行生产，从而提高合作社服务功能的实现程度。

4. 制度资源因素

制度资源因素主要指合作社所处的环境中的制度因素，包括政策法规、资金扶持、合作传统等变量。制度资源对合作社的产生和合作社服务的供给都是至关重要的，一方面，政策法规和资金扶持等正式制度可以为合作社服务的供给提供良好宏观环境，引导其发展走向；另一方面，合作传统作为非正式制度，以一种知识、管理、习俗等方式潜在地影响着合作社的服务供给。例如，合作社成立之前当地农户已有合作或互助基础，已有的合作文化会影响成员对合作社服务功能的接受能力，从而促进合作社服务功能的供给。

同前述对合作社服务需求的分析原理，本书仍将地区特征因素作为控制变量，以期减小模型的误差。

6.2.4 实证结果与分析

本书运用STATA 12.0分析软件，利用最大似然估计法，对合作社农资供应服务、生产管理服务、产品销售服务以及产品加工服务的供给与否的影响因素模型进行估计。从模型估计结果可以看出（具体见表6-8），产品特性变量、人力资源变量、经营资源变量、制度资源变量都从某些方面影响着合作社各服务内容的供给。以下分别对各模型结果进行分析。

1. 产品特性因素

估计结果显示，产品特性因素对各服务的供给确实有比较明显的影响。① 对农资供应服务供给的影响。估计结果显示，与粮食类合作社对农资供应服务的供给概率相比，产品类别为"生猪"的虚拟变量在1%水平上具有负向显著影响。即合作社对农资供应服务供给的概率，对于生猪类合作社来说，会比具有同等条件的粮食类合作社要低。对此，可能的解释是，粮食类合作社多以村为单位进行组建,涵盖村中规模大小不一的农户,并且粮食类产品的种类繁多,合作社一般会要求品种统一,以便于产后的销售;而生猪类合作社的门槛较高,大多对养殖规模和养殖经验有一定的要求,而具有养殖规模和养殖经验的成员,一般能自行解决猪苗、饲料等农资购买,生猪的品种相对简单,同地区的生猪品种、所用饲料等本来就很接近。所以,合作社对农资供应服务供给的概率,对于生猪类合作社来说,会比具有同等条件的粮食类合作社要低。② 对生产管理服务供给的影响。估计结果显示,与粮食类合作社对生产管理服务的供给概率相比,产品类别为"蔬菜"、"水果"、"生猪"和"肉鸡"等虚拟变量均无显著影响。即合作社对生产管理服务供给的概率,对于蔬菜类、水果类、生猪类和肉鸡类合作社来说,并无明显区别。生产管理服务种类繁多,一些基础性的技术指导、公益性的技术指导或教育培训会由很多其他社会化服务机构通过合作社统一供给。如果不是特殊的技术、严格的生产标准,各个合作社对生产管理服务的供给并没有太多困难,所以各个产业的差别并不明显。其实,提供生产管理服务并不难,难的是服务的范围有多大,服务的程度有多深,服务的质量有多好。③ 对产品销售服务供给的影响。估计结果显示,与粮食类合作社对产品销售服务的供给概率相比,产品类别为"蔬菜"和"水果"的虚拟变量分别在10%和1%水平上具有正向显著影响。即合作社对产品销售服务供给的概率,对于蔬菜类和水果类合作社来说,会比具有同等条件的粮食类合作社要高。与粮食产品的同质性较强、易贮藏、易运输、价格较稳定等特性相比,蔬菜、水果等产品的异质性较强、不易贮藏、不易运输、价格浮动较大。蔬菜类和水果类合作社自发成立的主要原因除了技术,可能性最大的就是因为销售服务。合作社因产品的质量与数量有一定的规模效益,产品销售服务能保证相对稳定的销售渠道,进而能够提供相对稳定的价格,"不愁卖"解决了菜农、果农的心头之忧。④ 对产品加工服务供给的影响。估计结果显示,与粮食类合作社对产品加工服务的供给概率相比,产品类别为"蔬菜"、"水果"的虚拟变量分别在1%、10%水平上具有正向显著影响,产品类别为"生猪"的虚拟变量在1%水平上具有负向显著影响。即合作社对产品加工服务供给的概率,对于蔬菜类和水果类合作社来说,会比具有同等条件的粮食类合作社要高;而对于生猪类合作社来说,会比具有同等条件的粮食类合作社要低。合作社的产品销售服务在一定程度上缓解了成员的"愁卖"问题，但"卖难"问题转移到了合作社。与粮食产品的同质性较强、易贮藏、易运输、价格较稳定等特性相比，合作社同样会面临蔬菜、水果等产品的异质性较强、不易贮藏、不易运输、价格浮动较大等问题。为稳定销售渠道、延长销售周期、提高销售价格，有资源和能力的合作社会选择对产品进行初加工和深加工。这样就可以全年销售，既延长了合作社的产业链，也扩大了合作社的经营范围，更重要的是为成员增加了收益。与蔬菜类和水果类合作社相反，生猪类合作社对加工服务供给的概率会比具有同等条件的粮食类合作社要低。这原因是多重的，畜禽类产品的检验检疫标准要大大严格于粮食类产品，粮食类加工，特别是初加工，资金、人才要求较低，行业准入门槛也较低。而生猪类产业则不然，生猪屠宰必须由专业的屠宰厂进行，根据《中华人民共和国农业部令》(2010年第7号)中对屠宰加工场所的选址、布局、设施设备及动物防疫条件有明确要求，第三章第十四条规定："动物屠宰加工场所应当建立动物入场和动物产品出场登记、检疫申报、疫情报告、消毒、无害化处理等制度"。在实地调查过程中，有很多社长或养殖大户认为办理一系列手续很繁杂，资金、场地等投入要求也很高，这些都降低了生猪类合作社提供产品加工服务的可能性。

表6-8　合作社服务供给影响因素实证模型的估计结果

		模型一 农资供应服务	模型二 生产管理服务	模型三 产品销售服务	模型四 产品加工服务
产品类别（以粮食类为参照组）	蔬菜	-0.61	0.60	1.10*	1.66***
		(-1.01)	(0.67)	(1.91)	(3.21)
	水果	-0.35	1.92	1.72***	0.99*
		(-0.53)	(1.50)	(2.64)	(1.95)
	生猪	-2.12***	-0.48	-0.17	-2.11***
		(-3.43)	(-0.62)	(-0.31)	(-3.07)
	肉鸡	-0.06	-0.04	0.94	0.20
		(-0.07)	(-0.03)	(1.29)	(0.34)

		模型一农资供应服务	模型二生产管理服务	模型三产品销售服务	模型四产品加工服务
社长身份（以农民为参照组）	村干部	0.61	0.98	0.45	0.16
		(1.08)	(1.23)	(0.85)	(0.30)
	个体户	−0.08	0.99	0.15	0.47
		(−0.14)	(1.19)	(0.29)	(0.93)
	企业家	0.16	1.90*	0.52	1.53**
		(0.24)	(1.66)	(0.82)	(2.57)
	公务人员	0.66	−0.33	−0.17	0.42
		(0.72)	(−0.28)	(−0.23)	(0.57)
成员组成		−0.33	0.60	0.78**	1.64***
		(−0.78)	(0.99)	(2.13)	(4.50)
成员数量		0.01	0.11	0.08	−0.06
		(0.05)	(0.46)	(0.30)	(−0.49)
专职人员		1.39***	1.27*	0.46	0.25
		(3.25)	(1.95)	(1.19)	(0.68)
人均规模		0.22	−0.11	0.26	0.13
		(0.94)	(−0.35)	(1.20)	(0.76)
成员出资		0.08	0.24	−0.01	0.26**
		(0.65)	(1.47)	(−0.10)	(2.11)
产业集群		0.65**	0.79	0.53*	0.39
		(1.97)	(1.51)	(1.65)	(1.38)
产品认证		−0.43	−1.16	−0.72	0.89**
		(−0.87)	(−1.31)	(−1.48)	(2.21)
合作传统		−0.58	1.55**	−0.35	−0.34
		(−1.35)	(2.01)	(−0.89)	(−0.92)
资金扶持		0.18	1.20*	0.49	0.72*
		(0.42)	(1.89)	(1.22)	(1.76)

续 表

		模型一 农资供应服务	模型二 生产管理服务	模型三 产品销售服务	模型四 产品加工服务
政策法规		0.51*	0.56	0.10	0.12
		(1.79)	(1.25)	(0.41)	(0.55)
地区分布（以浙江省为参照组）	四川省	−0.25	−1.51	0.05	−0.02
		(−0.42)	(−1.10)	(0.09)	(−0.04)
	黑龙江省	−0.47	−2.88**	0.45	1.11**
		(−0.70)	(−2.05)	(0.72)	(2.05)
	常数项	0.02	0.24	−1.68	−5.74***
		(0.02)	(0.11)	(−1.27)	(−4.50)
Log likelihood		−89.943948	−46.47	−101.56372	−114.35773
Pseudo R^2		0.1890	0.3223	0.1591	0.2914
观察值		238	238	238	238

注：(1)括号中为标准误差统计量；(2)*、**、***分别表示在10%、5%、1%的水平上显著。

2. 人力资源因素

估计结果显示：① 与社长是普通农民或种养大户的合作社相比，其他类别的社长身份对合作社农资供应服务供给的概率并无显著影响，即对于社长是农村能人的合作社而言，与具有同等条件的社长是其他身份的合作社对农资供应服务的供给概率是差不多的。这是由于农资供应服务供给的资金、技术等准入门槛相对较低，一般只要成员需要都能提供相关服务，与社长身份并无太大关系。但社长的企业家身份对合作社的生产管理服务和产品加工服务具有显著正向影响。身为企业家的社长能够更敏锐地捕捉市场信息，以消费者的市场需求为导向，对产品质量要求较高，会比植根于农村的农村能人更关注农产品生产质量的全过程管理。同时，企业家具有更多的市场资源、资金资源以及人力资源去拓展产业链进行产品加工服务。并且，很多合作社的成立就是由企业家牵头的，其创建的初衷很大一部分就是为了稳定产量，保证质量。而农村能人或者村干部、个体户创建合作社的初衷多是为了解决销售、技术问题，降低农资采购成本，以及获得政策收益等。在合作社发展初期,合作社对产品加工服务的供给不一定具备相关资源,但随着合作社的持续发展,政策扶持力度的持续加大,合作社很可能会带领成员进一步走向产品加工领域。② 成员组成变量对产品销售服务的供给与产品加工服务的供给分别在5%和1%的水平上正向显著影响。即合作社中有企业等单位成员,会比同等条件的其他合作社对产品销售服务和产品加工服务供给概率要高。③ 合作社有无专职经理,对合作社的农资供应服务供给和生产管理服务供给的影响分别在1%和10%的水平上正向显著。即合作社中有专职经理,会比同等条件的其他合作社对农资供应服务供给和生产管理服务供给概率要高。

3. 经营资源因素

估计结果显示:① 人均规模对各服务供给的概率均无显著影响,但对生产管理服务供给的影响为负。可能是因为规模越大的成员,自身对生产管理中的技术了解与掌握程度就越高,合作社会认为其对生产管理服务供给的有效性较低,从而不提供此项服务,并集中精力提供其他服务。② 成员出资变量对产品加工服务供给的概率在5%的水平上正向显著。即合作社成员出资较多时,会比同等条件的其他合作社对产品加工服务供给的概率要高;与之相对应,成员出资对农资采购、生产管理和产品销售等服务供给的概率影响并不显著。这点很容易理解,加工服务的供给在所有服务种类中,人力、财力、物力等各项投入都是最高的,特别是对资金的需求远远大于其他各类服务。③ 产业集群因素对合作社的农资供应服务供给和产品销售服务供给的影响分别在5%和10%的水平上正向显著。即合作社生产经营的农产品产业集中度高的,会比同等条件的产业集中度低的合作社对农资供应服务供给和产品销售服务供给概率要高。④ 产品认证对产品加工服务供给的概率在5%水平上正向显著影响。即进行了相关产品认证的合作社,比同等条件下未进行有关产品认证的合作社,对产品加工服务供给的概率要高。进行了产品认证的合作社,大多进行的是品牌营销战略,一般都需要合作社对销售产品进行分级、包装等初加工处理。

4. 制度资源因素

估计结果显示:① 合作传统因素对生产管理服务的供给在5%水平上正向显著。这表明,由协会等合作互助组织转变过来的合作社,比同等条件下不是由协会等合作互助组织转变过来的合作社，对生产管理服务供给的概率要高。② 资金扶持变量对生产管理服务和产品加工服务的供给都在10%水平上具有正向显著影响。这表明，在同等条件下，实际获得了政府扶持资金的农民专业合作社对生产管理服务和产品加工服务供给的概率，比未获得政府扶持资金的农民专业合作社的供给概率要高。在资金匮乏是农民专业合作社发展重要瓶颈的情况下，资金已成为农民专业合作社为成员提供各项服务所需的稀缺性资源，对于产品加工服务而言更甚。另外，政府的资金扶持多是有限定性要求的，比如专门针对生产示范基地建设的投资扶持或者专门针对合作社办加工企业（加工厂）的资金扶持等，目前常见的对合作社的资金投入其实也就这两类。所以，资金扶持对生产管理服务和产品加工服务供给与否具有显著影响符合实际情况。③ 政策法规变量对合作社农资供应服务供给的概率在10%的水平上具有正向显著影响。这可能归因于政府对一些特殊产业的生产资料有一定的扶持政策，如良种补贴等。

此外，估计结果还显示，与浙江省的合作社相比，黑龙江省对生产管理服务供给的概率在5%水平上具有负向显著影响，对产品加工服务在5%水平上具有正向显著影响。这与黑龙江省粮食产业的农业产业化发展程度及政府的扶持力度不无关系。

6.3　本章小结

通过对浙江、四川和黑龙江三省80个区县238个农民专业合作社服务供给情况的分析，并利用调查数据对影响农民专业合作社服务供给的主要因素的实证分析，得出以下主要结论：

（1）不同产品类别的合作社的服务供给情况有所差异，产品特性因素对合作社农资供应、生产管理、产品销售和产品加工等服务都有一定程度的影响，但又不尽相同。所以，在促进合作社服务功能的供给时，要充分根据产品特性，有针对性地进行资源补充和积累。

（2）投身于合作社事业的合作社企业家涵盖各行各业的精英，他们的社会经历及其拥有的资源直接影响着合作社服务的供给，其影响结果存在一定的差异性。从这点我们可以看出，在面对变化万千的大市场时，单靠普通农民的力量是远远不够的,要加强合作社对拥有企业家才能的人才和相关农业企业的吸引能力。

(3) 合作社自身的经营资源条件对合作社各项服务的供给有着不同程度的约束作用。不同产品特性下的合作社服务功能对合作社的经营资源有着不同的依赖。从实证结果中可以看出,合作社的经营规模并不是越大越好,要讲求资源基础上的适度规模经营;成员出资对产品加工服务的显著正向作用说明"人心齐,泰山移"的道理,不仅强化了成员与合作社的利益关联度,也切实为普通农户进入加工产业提供了可能性;产品认证和产业集群分别对农资供应服务、产品销售服务、产品加工服务具有显著影响,说明一个合作社要发展,必须引导成员紧随市场需求变动进行专业化生产,才能实现成员的经济利益和增强合作社自身的实力。

(4) 合作社的政策扶持与资金投入对合作社的服务供给有直接的导向性作用。合作社的特殊属性要求外界对合作社的特殊支持,同时,合作社的特殊组织形式也为政府与成员沟通提供了有效平台,是政府实施"绿箱政策"的良好载体。估计结果显示,资金扶持变量对生产管理服务和产品加工服务的供给都有显著正向影响。这与中央一号文件中,对推广和扶持合作社标准化生产、支持和鼓励合作社兴办加工企业的指导意见和政策导向不谋而合。可见,合作社的外部正式制度对合作社服务供给驱动具有有效性。

7 农民专业合作社服务功能的
实现及成员福利

本章基于实地调查数据,对农民专业合作社服务功能的实现程度进行统计描述与分析,同时分析农民专业合作社服务功能对成员福利的改善情况。随后,基于前文所建立的农民专业合作社服务功能的理论分析框架,对农民专业合作社服务功能实现程度的影响因素进行实证分析,得出有关结论,并进行一定的讨论。

7.1 农民专业合作社服务功能的实现程度

农民专业合作社服务功能的实现程度,是指农民专业合作社提供的某项或某几项服务功能覆盖成员的程度。实践中,农民专业合作社服务功能的实现程度可以体现为两个维度:一是服务功能的实现宽度,即农民专业合作社具备多少项服务功能,显示农民专业合作社服务功能辐射它所从事的产业相关环节的程度;二是农民专业合作社服务功能的实现深度,即接受农民专业合作社某一项服务功能的成员数占农民专业合作社成员总数的比重,显示农民专业合作社服务功能对成员的覆盖程度。

7.1.1 合作社服务功能实现情况

1. 合作社服务功能实现宽度

调查统计分析表明,当前合作社已从只具备技术和信息的单一服务功能的合作社转变为具备多元化服务功能的合作社(见表 7 - 1)。绝大多数合作社(88.24%)具有 2 项及以上的服务功能,具备服务完全内部化的合作社比例为 36.56%。其中,蔬菜类合作社的服务功能实现宽度为 4 的合作社比例最高,为 55.81%;生猪类合作社的服务内部化实现程度最低,能够提供全过程管理服务的仅为 4 个合作社,比例为 10.81%。结合表 6 - 6 可知,统一供给产品加工服务的合作社都提供了农资供应服务、生产管理服务、产品销售服务。换言之,是否提供产品加工服务是生猪类合作社将服务完全内部化的关键环节,加工环节限制了生猪类合作社进一步拓展盈利范围的可能性。

表 7 - 1 合作社服务功能实现宽度情况

		项 数			
		1 项	2 项	3 项	4 项	合计
粮食	数量(个)	9	11	35	26	81
	比例(%)	11.11	13.58	43.21	32.10	100.00
蔬菜	数量(个)	3	4	12	24	43
	比例(%)	6.98	9.30	27.91	55.81	100.00
水果	数量(个)	3	4	22	23	52
	比例(%)	5.77	7.69	42.31	44.23	100.00
生猪	数量(个)	11	6	16	4	37
	比例(%)	29.73	16.22	43.24	10.81	100.00
肉鸡	数量(个)	2	3	10	10	25
	比例(%)	8.00	12.00	40.00	40.00	100.00
合计	数量(个)	28	28	95	87	238
	比例(%)	11.76	11.76	39.92	36.56	100.00

注:(1)本研究在描述合作社的服务功能时,只分别给出了农资供应、生产管理、产品销售、产品加工 4 项,因此,合作社服务功能最多覆盖 4 项,此时服务功能实现宽度最大,为 100%。(2)比较不同产品类型合作社服务功能实现程度时,更重要的是突出不同产品类型合作社之间的差异。因此,表中实现宽度为具备某一实现宽度的某产品类型合作社数量与该产品类型合作社样本数量的比例;而总体服务功能实现宽度为具备某一项实现宽度的合作社数量占样本总数的比例。

2. 合作社服务功能实现深度

合作社服务功能的实现宽度只能了解合作社的服务涉及哪些成员生产经营的环节，并不能准确地反映合作社服务功能的实现情况。而合作社服务的实现深度是表示接受合作社某一项服务功能的成员数占合作社成员总数的比重，其是取值为[0,1]的连续值。某项服务功能的实现深度等于0（最小值），表示合作社不供给这项服务功能；某项服务功能的实现深度等于1，表示合作社不仅供给此项服务功能，而且这项服务功能覆盖了全体成员。所以，合作社服务功能的实现深度是可以比较全面了解一个合作社的服务实现情况的。

样本合作社服务功能实现深度的总体情况如图7-1所示。由图可知，农资供应服务、生产管理服务、产品销售服务的实现深度都超过了60.00%，产品加工服务的实现深度则只有31.20%。由表7-2和图7-2可以进一步观察到蔬菜类合作社产品加工服务的实现深度最高（43.72%），生猪类合作社产品加工服务的实现深度最低（8.11%）。同时，数据也表明，肉鸡类合作社农资供应服务的实现深度高达74.16%。这可能是因为肉鸡行业的鸡苗供应比较关键，合作社对此愿意供给，成员也有需求，从而农资供应服务的实现深度较高。水果类合作社农资供应服务和生产管理服务的实现深度分别为73.35%、65.27%，都相对较高，这可能归因于水果合作社多进行了产品认证，这直接促进了对水果种植标准化生产管理的要求，合作社有义务对农资供应服务和生产管理服务进行

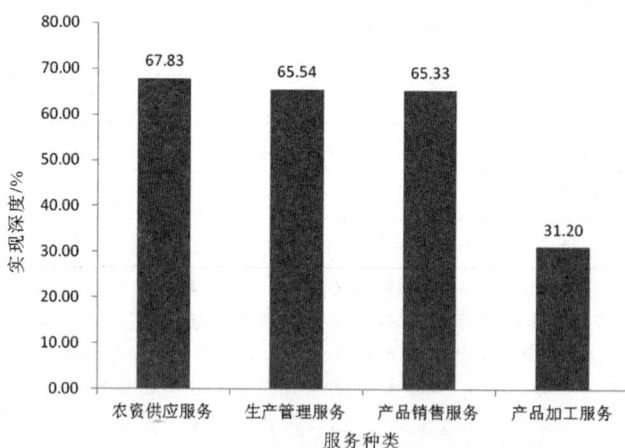

图7-1　合作社服务功能实现深度总体情况

供给;成员也有义务使用这些服务。如果成员不使用这些服务的话,合作社有拒绝为其提供产品销售服务或产品加工服务的权利。

此外,产品销售服务功能的实现深度,除了生猪类合作社较低以外,其他产品类型的合作社相应的实现深度都较其他服务功能的实现深度高或者相近。这说明销售服务作为实现农产品价值的关键环节,仍是合作社服务需求与服务供给的关键内容。

表7-2 合作社服务功能实现深度情况　　　　　　　(单位:%)

	农资供应服务	生产管理服务	产品销售服务	产品加工服务
粮食	73.80	78.65	62.88	31.17
蔬菜	61.40	71.47	70.56	43.72
水果	73.35	65.27	68.42	38.27
生猪	50.22	42.84	54.32	8.11
肉鸡	74.16	47.00	74.16	29.24
总体	67.83	65.54	65.33	31.20

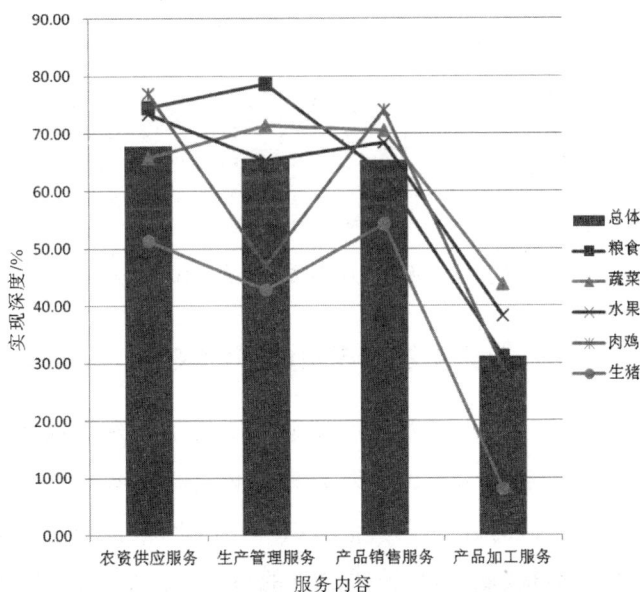

图7-2 各产业合作社服务功能实现深度情况

不同地区合作社服务功能实现深度情况如图7-3所示。由图可知,农资供应服务实现深度最高的省份是四川省(71.25%),最低的是黑龙江省(66.15%);生产管理服务实现深度最高的是黑龙江省(70.24%),最低的是浙江省(59.79%);产品销售服务实现深度最高的是浙江省(72.26%),最低的是四川省(60.86%);产品加工服务实现深度最高的是浙江省(40.48%),最低的是四川省(17.48%)。不同地区之间合作社服务功能的实现深度确实存在差异,但不是唯一的影响因素。

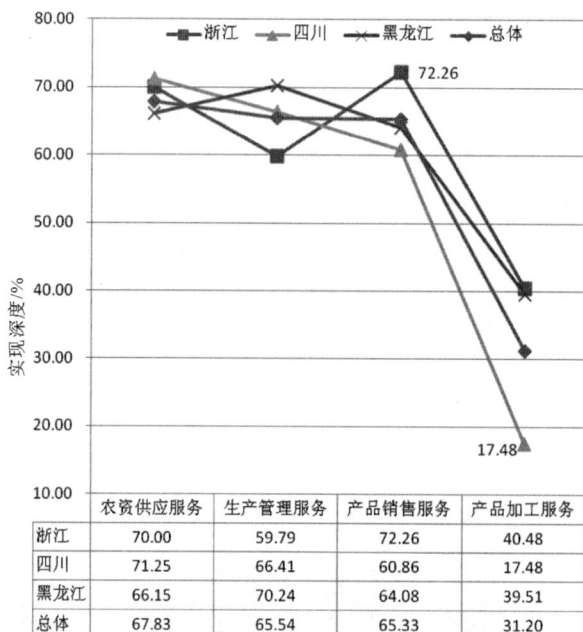

	农资供应服务	生产管理服务	产品销售服务	产品加工服务
浙江	70.00	59.79	72.26	40.48
四川	71.25	66.41	60.86	17.48
黑龙江	66.15	70.24	64.08	39.51
总体	67.83	65.54	65.33	31.20

图7-3 各地区服务功能实现深度情况

7.1.2 合作社服务功能对成员的福利改善

任何一个组织都是为一定的目的而组建起来的,组织目的是管理者和组织所有成员的行动指南,组织的经营管理也必须围绕组织的目的展开。当然,不同组织有着不同的目的,与其他组织形式相比,农民专业合作社的组织目的是为成员提供自我服务,以改善成员的福利。在福利研究方面,自庇古作了开创性研究使福利经济学成为一门单独的学科,并将福利区分为经济福利和非经济福利以来,尽管学界对于福利的内涵边界一直有着不同的认识,但是,经济状况的改善和个人素质的提升是福利改善的基本方面已是共识。

由于农业产业的特殊性,生产过程的效益是无法量化的,只能通过投入品成本的减少和产后产品销售额的增加来考量,故我们着重分析合作社成员成本节约与销售额增加的情况。

1. 节约生产成本

由图7-4可知,在238个样本合作社中,有82.35%的合作社为成员提供了统一农资供应服务,其中,87.76%的样本合作社在统一供应农资方面为成员提供了优惠价格。其中,以粮食类合作社的农资供应价格优惠力度最大,水果类合作社次之,但水果类合作社产业内部差异也较大(见表7-3)。通过合作社的农资供应服务,成员的农资投入成本降低,这也就为成员参与合作社提供了基础的、必要的价格改进①,虽然这还仅仅是停留在较低层面的成员收益上。

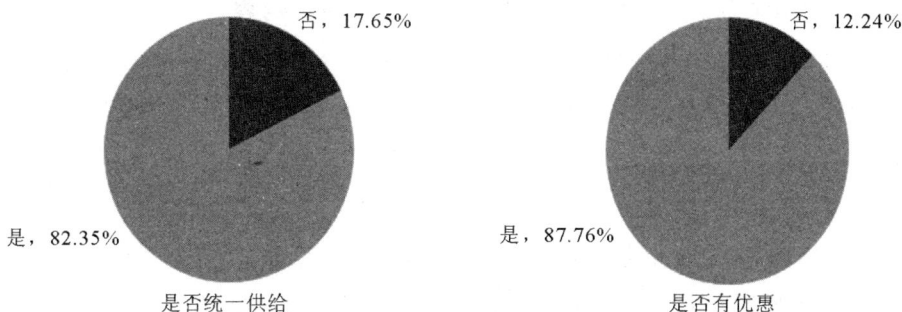

图7-4 合作社农资供应服务的价格改进情况

值得一提的是,没有直接以优惠价格提供的合作社,也可能是提供了一些品种优良或者技术含量高的农资。例如,合作社自主研发或科研机构开发的有机肥料的使用。有机肥料富含有机物质和作物生长所需的营养物质,不仅能提供作物生长所需养分,改良土壤,还可以改善作物品质,提高作物产量,促进作物高产稳产,保持土壤肥力,同时可提高肥料利用率,降低生产成本。充分合理利用有机肥料能增加作物产量、培肥地力、改善农产品品质、提高土壤养分的有效性。因此,随着人民生活水平的提高,居民对安全、卫生、无污染的有机、绿色食品的需求不断增加,成员对有机肥的使用也有一定的

---

① 所谓价格改进,不仅包括支付或获得比较好的价格,还包括由此而导致的经营成本或效益的改进。

需求，前期的高投入，可能会带来后期的高收入。

表7-3　分产业合作社农资供应价格优惠情况　　（单位：个；%）

	样本数	最小值	最大值	平均值	标准差
粮食	66	0.5	50	12.15	10.07
蔬菜	29	1	40	9.91	7.91
水果	41	2	92	11.49	15.18
生猪	20	1	40	9.65	8.90
肉鸡	16	0.5	30	6.16	6.97
总体	172	0.5	92	10.77	10.90

注：优惠程度=（1-优惠价÷市场价）×100%

2. 职业素质提升

职业素质的提升无疑也是成员服务改善的重要内容之一。无论是源于1844年罗虚代尔公平先锋社、后在1895年国际合作社联盟成立时被确认的"罗虚代尔原则"，还是1966年国际合作社联盟提出的"合作社原则"，抑或是1995年国际合作社联盟成立100周年大会提出的"合作社原则"（也称"曼彻斯特原则"），在这些国际公认的文本中，对成员的教育和培训原则自始至终存在，且日益为合作社所重视。由表7-4可知，在有效样本中，样本合作社在2010年平均举办了4.51次培训会，场均参加成员数为128人。

表7-4　合作社2010年培训次数与场均参加人数情况　　（单位：个；%）

		有效样本数	最小值	最大值	平均值	标准差
培训次数（次）	浙江	70	1	16	4.63	3.29
	四川	85	1	50	6.06	6.85
	黑龙江	72	0	12	2.56	1.77
	合计	227	0	50	4.51	4.88
场均参加人数（人）	浙江	68	13	1341	223.06	260.89
	四川	83	4	600	84.02	92.29
	黑龙江	70	4	400	87.80	94.24
	合计	221	4	1341	128.00	175.29

由表7-5可知,在有效样本中,样本合作社提供的主要培训内容依次为:相关生产技术(93.75%)、经营管理知识(45.98%)、合作社知识(28.57%)、法律法规和政策(44.64%),以及其他内容(3.13%)。教育培训工作是普及合作社知识,培养合作社企业家和职业农民的有效手段。教育培训工作的有效开展将有利于普及合作社知识和合作社精神,进而推进合作社的发展。

表7-5 合作社教育培训服务的培训内容分布情况

	浙江	四川	黑龙江	合计
相关生产技术	68(98.55)	79(94.05)	63(88.73)	210(93.75)
经营管理知识	39(56.52)	32(38.10)	32(45.07)	103(45.98)
合作社知识	23(33.33)	19(22.62)	22(30.99)	64(28.57)
法律法规和政策	29(42.03)	36(42.86)	35(49.30)	100(44.64)
其他	2(2.90)	3(3.57)	2(2.82)	7(3.13)

注:可多选。括号内为所占百分比。

3. 销售收入变化

关于合作社产品销售服务的价格改进情况,由图7-5可见,提供销售服务的合作社销售价格基本压倒式地高于市场价或签订保底价。但值得注意的是,这些价格改进并不能覆盖成员的所有产品。合作社往往会对产品分等级进行销售,质量、形状等要求不达标的,合作社一般不提供销售服务。成员将级别高的产品交由合作社统一销售(产品差价明显),级别低的产品只好通过其他途径自行解决,产品

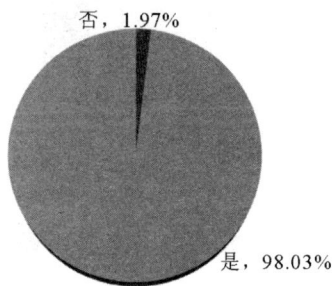

图7-5 合作社产品销售服务的价格改进情况

否,1.97%

是,98.03%

"卖难"的问题还一定程度存在。要真正解决成员的后顾之忧的方法是合作社建立加工厂,对级别低的产品进行深加工,如将小土豆、品相不好的土豆加工成粉条,将已成熟、品相欠佳的水果加工成果汁、果酱等。

4. 成员惠顾返还

合作社也是一种企业，但与一般企业最大的不同就是它有一个二次返利，即惠顾返还。由图7-6我们可以看出，有15.97％的样本合作社未能按照法律要求给予成员惠顾返还，其中47.37％的样本合作社来自于四川（详见表7-6）。大多数合作社都对成员进行惠顾返还，但对于具体返还方式的选择，不同省份有不同的偏重，例如，浙江省以按交易量返还为主，四川省以按股份和交易量相结合的返还方式为主，黑龙江省则以按股返还方式为主（详见表7-6）。值得注意的是，按量返还中包含根据成员生产规模或者与合作社交易量决定的以化肥等实物返还的情形。

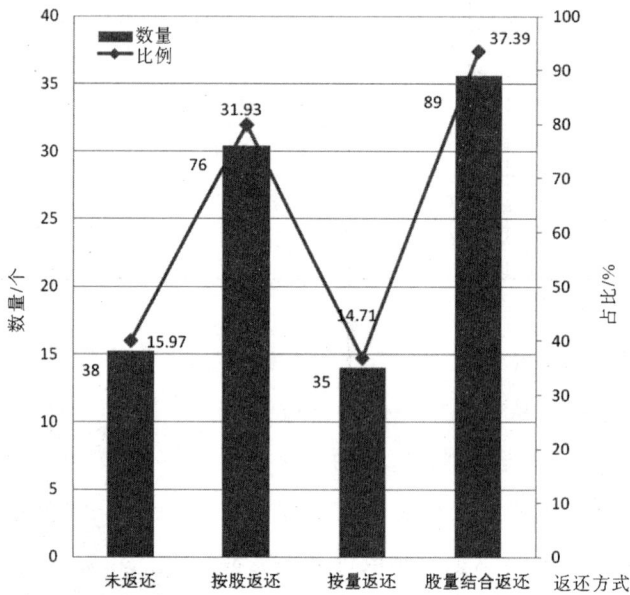

图7-6　合作社惠顾返还情况

表7-6　合作社惠顾返还的方式

		浙江	四川	黑龙江	合计
未返还	数量（个）	7	18	13	38
	比例（％）	18.42	47.37	34.21	100
按股返还	数量（个）	14	30	32	76
	比例（％）	18.42	39.47	42.11	100

		浙江	四川	黑龙江	合计
按量返还	数量(个)	18	8	9	35
	比例(%)	51.43	22.86	25.71	100
股量结合返还	数量(个)	34	37	18	89
	比例(%)	38.20	41.57	20.23	100
合计	数量(个)	73	93	72	238
	比例(%)	30.67	39.08	30.25	100

表 7-7 显示,浙江省样本成员的惠顾返还金额的均值无论是按交易量返还还是按股份返还都远高于四川省和黑龙江省。浙江省合作社的发展一直走在全国前列,其发展规模较大、程度较深,能当选示范社的合作社经济能力都较雄厚或者较有特色,故其整体惠顾返还情况也很可观。调查中发现,大多数合作社都采取按股分配与按交易量分配相结合的方式进行惠顾返还。对惠顾返还的发放方式每个合作社也不尽相同,主要有直接以现金发放、留存合作社作为股金、抵换实物发放等三种。

表 7-7　成员实际获得惠顾返还的情况

		浙江	四川	黑龙江
按交易量返还金额	最大值	147000	150000	150000
	最小值	0	0	0
	均值	12530	2289	6479
	标准差	30453	12828	18612
	有效样本数	126	141	77
按股份返还金额	最大值	98000	400000	50000
	最小值	0	0	0
	均值	8627	4878	6027
	标准差	20755	34793	10595
	有效样本数	147	135	75

从表7-7中我们还可以看出有效样本的数量远少于我们调查的总样本成员数量,这主要是由于部分样本成员不清楚"惠顾返还"或"二次返利"的概念,因此最终数据缺失较多。

7.2　农民专业合作社服务实现程度的影响因素分析

7.2.1　实证框架

合作社从一开始就是一种具备"防卫性"应激机制的经济组织(Cook,1995),是一种处于一定组织环境中的环境适应性组织,通过对所处环境中资源的整合利用以达到发展的目的。资源是合作社生存的土壤,它既为合作社服务功能的实现提供条件,同时也对合作社服务功能的实现起制约作用。合作社的人力资源因素和经营资源因素为合作社服务供给提供了基础的条件,而合作社的制度资源因素保障了合作社服务功能的实现,如服务制度下的成本经营原则的价格改进将影响成员对服务的使用。因为合作社本身受到其主营农产品的产品特性约束,而正是产品特性使合作社具有了存在的原始必要性(徐旭初,2005)。因此,本书将合作社服务功能实现程度的影响因素归纳为产品特性因素、人力资源因素、经营资源因素和制度资源因素四个方面(见图7-7)。

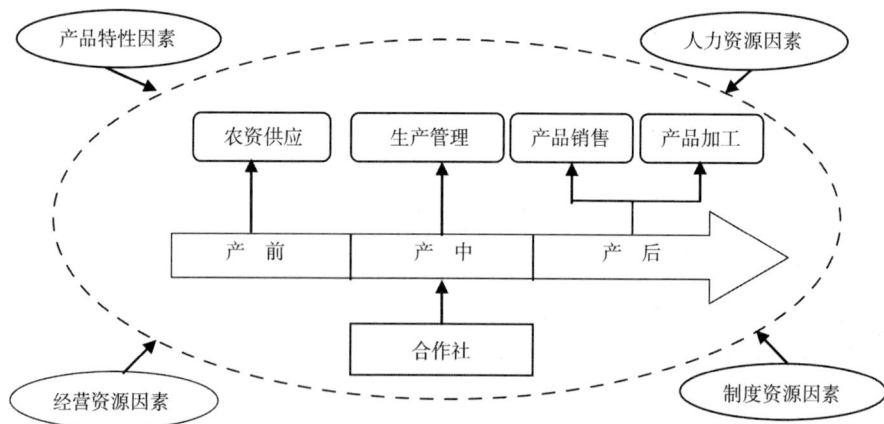

图7-7　合作社服务功能实现程度影响因素的实证框架

7.2.2 模型选择

本书以服务功能实现深度来衡量合作社服务功能的实现程度,而服务功能实现深度是取值范围为$[0,1]$的连续型变量。而且,合作社不同的服务功能的实现程度差异较大,因此,本书尝试使用多元线性回归模型对影响合作社各项服务功能实现程度的因素分别进行分析。该分析模型的计量方程设定如下:

$$y_j = \beta_j + \sum_k \beta_{jk} x_{jk} + \varepsilon_j \tag{7.1}$$

式(7.1)中,y_j表示合作社第j项服务功能的实现深度($j=1,2,3,4$);x_{jk}是上述四类影响因素的具体可观测变量,$k=1,2,\cdots,15$;β_j是常数项;β_{jk}是第j个模型的自变量系数;ε_j为第j个模型的随机扰动项。

7.2.3 变量说明与描述

本书将合作社服务功能实现程度的影响因素归纳为产品特性因素、人力资源因素、经营资源因素和制度资源因素四个方面。具体选择的可观测变量及其含义、赋值、初步统计描述如表7-8所示。

表7-8 合作社服务功能实现程度实证模型中自变量的含义、赋值及统计描述

可观测变量		含义及赋值	平均值	标准差
产品类别(设置为虚拟变量,以粮食类为参照组)	粮食	粮食类合作社(是=1;否=0)	0.34	0.47
	蔬菜	蔬菜类合作社(是=1;否=0)	0.18	0.39
	水果	水果类合作社(是=1;否=0)	0.22	0.41
	生猪	生猪类合作社(是=1;否=0)	0.16	0.36
	肉鸡	肉鸡类合作社(是=1;否=0)	0.11	0.31
社长经历(设置为虚拟变量,以农民为参照组)	大户	种养大户(是=1;否=0)	0.17	0.37
	村干部	主要指村支书、村长(是=1;否=0)	0.28	0.45
	个体户	包括个体户、农村经纪人(是=1;否=0)	0.27	0.44
	企业家	担任过相关企业的主要领导人(是=1;否=0)	0.18	0.39
	其他	乡镇及以上的政府或相关机构的工作人员(是=1;否=0)	0.07	0.26

续　表

可观测变量		含义及赋值	平均值	标准差
成员组成		是否有企、事业单位或者社会团体成员（是＝1；否＝0）	0.59	0.49
成员数量		合作社的成员数（百户）	0.75	1.89
经营规模		主营产品的生产经营规模	3.24	1.36
成员出资		成立之初的成员出资额（万元）	2.85	1.61
产业集群		主营产品产业生产集中程度（低＝1；较低＝2；中＝3；高＝4）	2.32	0.65
商标建设		合作社是否拥有注册商标（是＝1；否＝0）	0.76	0.43
农资价格		合作社统一供应的农资价格是否低于市场价（是＝1；否＝0）	0.72	0.45
产品价格		合作社统一销售的产品价格是否高于市场价或有底价（是＝1；否＝0）	0.83	0.37
惠顾返还（设置为虚拟变量，以粮食类为参照组）	未返还	实际上还未进行过返还	2.74	1.13
	按股返还	按照股份进行返还	0.32	0.47
	按量返还	按照交易量（额）进行返还	0.15	0.35
	股量结合	按照交易量与交易额	0.37	0.48
成员教育		合作社2010年对成员进行的教育培训次数	4.6	4.8
资金扶持		是否获得政府资金扶持并已投入使用（是＝1；否＝0）	0.74	0.44
政策法规		当地有关合作社政策法规的完善及执行程度（低＝1；中＝2；高＝3）	2.01	0.78
地区分布（设置为虚拟变量，以粮食类为参照组）	浙江省	合作社所处地在浙江省（是＝1；否＝0）	0.31	0.46
	四川省	合作社所处地在四川省（是＝1；否＝0）	0.39	0.49
	黑龙江省	合作社所处地在黑龙江省（是＝1；否＝0）	0.30	0.46

注：(1)农资价格只进入模型一与模型二；(2)调查获得的成员出资数据差异较大，为缩小取值范围，减少模型误差，故对经营规模、成员出资等变量的值取对数。

1. 产品特性因素

合作社本身受到其主营农产品的产品特性约束，产品特性是影响合作社产生和发展的重要因素,也是影响合作社服务功能实现的主要因素之一。由于产品特性的差异,不同产品类型的合作社在组织规模、治理结构和运营绩效等方面都存在不同程度的差异(黄祖辉、邵科,2010)。不同产品的产品特性不同,不同合作社的不同服务功能的实现程度可能就不一样。例如,与粮食类合作社的产品易储存、耐损耗、同质性强等产品特性相比,蔬菜类、水果类、生猪类和肉鸡类合作社的产品将面临储存、保鲜、加工等困难。因此,成员对合作社的销售服务更为需求,接受程度也会更深。

2. 人力资源因素

合作社的人力资源因素影响着合作社服务功能的供给差异,也影响着合作社不同服务需求的差异,从而会对合作社服务功能的实现造成不同程度的差异。本书以社长的社会经历、合作社的成员组成来衡量合作社的人力资源因素。社长经历根据调查情况,具体分为大户、村干部、个体户、企业家及其他等。合作社的成员组成是指合作社中是否有企事业性质的单位成员。

3. 经营资源因素

合作社兼有企业和共同体属性,对内以服务成员为宗旨,对外以市场需求为导向,其服务功能的实现必然立足于其所处的经营资源之上。这里的经营资源因素主要包括生产集群和市场条件两个方面。生产集群因素是指某种产品的生产、交易或服务在空间或地域上具有一定的产业集中度,不仅取决于集群中个体成员的数量,还取决于个体成员的"规模"(奥尔森,1995)。合作社的成员数量越多,越容易形成规模经济和带动效应,有利于降低服务功能的平均成本,促进服务功能的实现。但个体成员的经营规模对合作社服务功能实现程度的影响还有待观察,一方面,个体成员的规模越小,从合作社服务功能中所获得的利益可能越少,越不在意合作社提供的服务;另一方面,个体成员的规模越大,在市场中地位相对较强,一旦合作社所提供的服务不能满足其需求,很容易自立门户,只接受合作社提供的公益性服务,如技术指导等。但一旦合作社具备产品认证资格后,为保证合作社生产经营的农产品质量安全,要求成员必须按照统一的标准或统一的服务进行生产,从而提高合作社服务功能的实现程度。

4. 制度资源因素

制度资源因素为合作社服务功能的实现提供了制度保障。从合作社内部的制度而言,服务制度,集中体现在服务的价格制度上,对合作社的服务使用具有直接的影响。农业生产的前期和产中的田间管理都涉及农资的使用,所以农资价格对农资供应服务、生产管理服务的实现程度有正向影响;销售价格是农产品价值最终实现的表现,也涉及产前、产中的投入以及产后的最终利润,所以对农资供应服务、生产管理服务、产品销售服务和产品加工服务的实现程度都有正向影响。惠顾返还是合作社整体利润的一种二次返利,涉及合作社各种服务对投入成本的节省、对销售收益的增加以及对附加值的提升,所以对农资供应服务、生产管理服务、产品销售服务和产品加工服务的实现程度都有一定影响。但实践中,惠顾返还的形式多样,基本以按交易量或按股份为基础或者二者的结合进行返还。因为,合作社的发展时间长短不一,有的合作社还没有多少利润积累,所以这里以合作社对惠顾返还的已发生实际情况为参考,而不是合作社规章制度上的规定。政府对合作社的资金扶持大多体现在合作社的标准化生产管理以及产品加工环节,但对农资供应和产品销售环节也有辐射带动效应,所以,资金扶持对四项服务功能应该都有一定程度的影响。

此外,为控制合作社所处区域不同而对结果造成一定影响,故本书将地区特征因素作为控制变量,以期减小模型的误差。

7.2.4 实证结果与分析

本研究运用STATA 12.0分析软件对合作社服务功能实现程度的影响因素模型进行估计。为确保模型的可靠性,我们对回归方程的多重共线性和异方差性进行了怀特检验和方差膨胀因子(VIF)检验[①]。四个模型的怀特检验所得的P值分别为0.0434、0.0188、0.198、0.1394,因此不能拒绝同方差的假设;四个模型所得VIF均值分别为1.63、1.63、1.65、1.65,且自变量的最大VIF值为2.79,说明模型的多重共线性问题并不严重[②],模型相对可靠,可用

---

① VIF 是方差膨胀因子的英文(Variance Inflation Factors)缩写,这是一种比较正规的检验方法。该方法通过检查指定的解释变量能够被回归方程中其他全部解释变量所解释的程度来检测多重共线性。方程中每个解释变量有一个 VIF 值,高 VIF 值表明多重共线性增大了系数估计值的方差,从而产生一个减小了的 t 值。

② 一般对多重共线性问题严重程度的判断有两条标准:一是最大的 VIF 大于 10;二是平均的 VIF 大于 1。这两个标准必须同时满足,才能判断模型存在严重的多重共线性问题。

于进一步分析。从模型估计结果可以看出(具体见表7-9),产品特性变量、资源禀赋变量、制度保障变量、地区分布变量都从某些方面影响着合作社服务功能的实现程度。

表 7-9　合作社服务功能实现程度实证模型的估计结果

		模型一 农资供应服务	模型二 生产管理服务	模型三 产品销售服务	模型四 产品加工服务
产品类别（以粮食类为参照组）	蔬菜	−5.89	−10.08	−7.91	4.11
		(−1.01)	(−1.40)	(−1.54)	(0.56)
	水果	−3.63	−14.66**	−7.84	5.00
		(−0.64)	(−2.09)	(−1.54)	(0.69)
	生猪	−10.05	−40.71***	−7.04	−18.52**
		(−1.60)	(−5.24)	(−1.28)	(−2.36)
	肉鸡	12.87*	−28.44***	4.63	−10.67
		(1.83)	(−3.27)	(0.74)	(−1.19)
社长经历（以大户为参照组）	村干部	5.02	7.28	−4.14	−3.42
		(0.90)	(1.06)	(−0.84)	(−0.48)
	个体户	2.95	8.17	2.62	0.37
		(0.53)	(1.19)	(0.53)	(0.05)
	企业家	0.10	−4.67	−0.15	19.63**
		(0.02)	(−0.59)	(−0.03)	(2.40)
	公务人员	3.66	14.16	−3.10	8.01
		(0.44)	(1.37)	(−0.42)	(0.75)
成员组成		3.77	1.24	1.76	16.98***
		(0.96)	(0.26)	(0.50)	(3.37)
成员人数		−0.37	−0.43	0.32	−0.21
		(−0.37)	(−0.35)	(0.37)	(−0.16)
经营规模		13.25*	−0.69	3.09	8.35
		(1.55)	(−0.07)	(0.40)	(0.76)
成员出资		−1.25	−2.14	0.64	3.91**
		(−0.97)	(−1.36)	(0.56)	(2.39)

续　表

		模型一 农资供应服务	模型二 生产管理服务	模型三 产品销售服务	模型四 产品加工服务
产业集群		−0.14	6.77*	4.88*	2.38
		(−0.05)	(1.81)	(1.81)	(0.62)
商标建设		2.44	1.63	8.24*	17.49***
		(0.51)	(0.27)	(1.92)	(2.85)
成员教育		0.03	0.38	0.66*	0.04
		(0.07)	(0.74)	(1.78)	(0.08)
惠顾返还 （以未返还为参照组）	按股返还	3.54	−17.00**	2.93	−0.59
		(0.56)	(−2.17)	(0.52)	(−0.07)
	按量返还	−2.06	−1.33	13.08**	1.73
		(−0.30)	(−0.16)	(2.15)	(0.20)
	股量结合	−0.69	−10.83	10.19*	9.43
		(−0.11)	(−1.43)	(1.87)	(1.21)
产品价格		23.21***	14.95**	68.34***	16.94**
		(3.82)	(1.99)	(12.59)	(2.18)
农资价格		51.45***	−7.05	—	—
		(12.09)	(−1.34)	—	—
资金扶持		9.38**	9.29*	11.10***	10.05*
		(2.13)	(1.71)	(2.82)	(1.79)
政策法规		0.66	−1.64	1.48	5.37*
		(0.27)	(−0.54)	(0.67)	(1.71)
地区分布 （以浙江省为参照组）	四川省	12.08**	13.62**	2.65	−5.24
		(2.23)	(2.04)	(0.55)	(−0.76)
	黑龙江省	1.35	13.89*	−0.50	7.02
		(0.23)	(1.93)	(−0.10)	(0.94)
	常数项	−5.58	53.12***	−34.38***	−48.87***
		(−0.45)	(3.47)	(−3.13)	(−3.11)

	模型一 农资供应服务	模型二 生产管理服务	模型三 产品销售服务	模型四 产品加工服务
观察值	238	238	238	238
F	9.48	2.81	12.04	5.87
Prob $>$ F	0.0000	0.0000	0.0000	0.0000
Adj R^2	0.4621	0.1547	0.5173	0.3210
Root MSE	27.416	33.855	24.538	35.082

注：(1) 括号内为标准误差统计量；(2) $*$、$**$、$***$ 分别表示在 10%、5%、1% 水平上显著。

1. 产品特性因素

估计结果显示：① 与粮食类合作社相比，模型一中，产品类别为"肉鸡"的虚拟变量在 10% 水平上对农资供应服务的实现程度具有正向显著影响。换言之，在其他因素水平相同的情况下，肉鸡类合作社的农资供应服务的实现程度要大于粮食类合作社的实现程度，这可能因为统一肉鸡品种的要求及检验防疫的统一性和免费性等原因。② 产品类别为"水果"、"生猪"、"肉鸡"的虚拟变量对标准化生产管理服务的实现程度分别在 5%、1%、1% 水平上具有负向显著影响。③ 产品类别为"生猪"的虚拟变量在 5% 水平上对产品加工服务的实现程度具有负向显著影响。换言之，在其他因素水平相同的情况下，生猪类合作社的产品加工服务的实现程度要小于粮食类合作社的实现程度。

2. 人力资源因素

估计结果显示：① 社长经历为"企业家"的虚拟变量在 5% 水平上对产品加工服务的实现程度具有正向显著影响，即在同等条件下，社长为企业家的合作社加工服务实现程度要大于社长为其他身份的合作社。② 成员组成变量在 1% 水平上对产品加工服务的实现程度具有正向显著影响，即在同等条件下，拥有企事业单位或其他社会团体组织成员的合作社产品加工服务实现程度要明显大于其他合作社。

3. 经营资源因素

估计结果显示：① 经营规模变量在 10% 水平上对农资供应服务的实现

程度具有正向显著影响，即在同等条件下，经营规模越大的合作社农资供应服务实现的程度越深。② 成员出资变量在5％水平上对产品加工服务的实现程度具有正向显著影响，即在同等条件下，成员出资越多对产品加工服务的实现程度越有促进作用。③ 产业集群变量在5％水平上对标准化生产管理服务和产品销售服务的实现程度具有正向显著影响，即在同等条件下，如果合作社主营业务也是特色产业或当地优势产业的话，会比一般性的产业的生产管理服务和产品销售服务的实现程度要高。④ 商标建设变量对产品销售服务和产品加工服务的实现程度分别在10％、1％水平上具有正向显著影响，即在同等条件下，有注册商标的合作社的产品销售服务和产品加工服务的实现程度要比没有注册商标的高。

4. 制度资源因素

估计结果显示：① 惠顾返还方式对生产管理服务、产品销售服务的实现程度都有显著影响，与从未进行惠顾返还的合作社相比，按照股份对可分配盈余进行分配的合作社的生产管理服务实现程度较低；按量返还和按照股份与交易量相结合进行返还的合作社对产品销售服务的实现程度分别在5％和10％水平上具有显著正向影响，即成员与合作社的交易量如果能作为惠顾返还的依据的话，将会促进成员与合作社交易量的增加。② 产品价格变量对农资供应服务、生产管理服务、产品销售服务、产品加工服务分别在1％、5％、1％和5％的水平上具有显著正向影响。正如前文所述，农业是生物要素和经济要素共同作用的特殊产业，由于农业生产的连续性和劳动成果的难以计量性，农业生产的生产效益完全看农产品的销售收益，所以产品的销售价格决定着整个农业生产过程所有物资、劳力、土地等投入的收益。销售价格对农资供应服务、生产管理服务、产品销售服务和产品加工服务的实现程度都有着显著的正向影响。这也证明，加入合作社确实能改善农民的生产收益。③ 农资价格变量在1％水平上对农资供应服务的实现程度具有显著正向影响，表明低于市场价格的合作社农资供应价格是影响合作社成员使用合作社农资供应服务的主要因素之一。④ 资金扶持变量分别在5％、10％、1％和10％水平上对农资供应服务、生产管理服务、产品销售服务和产品加工服务的实现程度具有正向显著影响。在资金匮乏是农民专业合作社发展重要瓶颈的情况下，资金已成为农民专业合作社为成员提供各项服务所需的稀缺性资源,政府对农民专业合作社发展的资金扶持会对其服务功能实现程度产生显著影响。⑤ 政策法规变量在10％水平上对产品加工服务的实现程度具有显著影响。这表明,越是普通农民难以实现自我服务的生产经营环节,越是需要外界扶持。

此外,估计结果还显示,四川省的农资供应服务和生产管理服务的实现程度与浙江省相比有显著差异;黑龙江省的生产管理服务实现程度与浙江省也有显著差异。这可能与三省整体的经济水平、合作社发展的政策环境有关。

7.3 本章小结

本章结合3省238个合作社的数据和531个成员的数据,着重分析了合作社服务功能对成员经济福利的改善情况,并对合作社服务功能的实现程度进行了全面描述。随后,本章建立了农民专业合作社服务实现程度的实证模型,并结合合作社层面与成员层面数据分析了影响合作社服务功能实现的相关因素。从上述两方面的描述与分析可以得出以下主要结论:

(1) 不同产品类别的合作社服务功能实现程度具有显著差异。与粮食类合作社相比,肉鸡类合作社的农资供应服务实现程度更高;水果类、生猪类和肉鸡类合作社的生产管理服务实现程度更高;生猪类合作社的产品加工服务实现程度更低。这充分说明,不同产品类别的生产经营对不同的合作社服务功能有着不同的需要,产品本身的特性也约束着各项服务功能的实现程度。要促进合作社服务功能的充分发挥,就必须针对不同产品类型合作社服务功能实现程度的差异,有的放矢地制定各产品类型合作社服务功能实现的促进措施。

(2) 合作社的人力资源拥有状况会显著影响其服务功能的实现程度,特别是对产业链后端的产品加工服务实现程度的影响。由于农产品加工服务对人力、物力、财力以及场地等都有较其他服务功能高的要求,单靠普通成员农户的力量难以供给,就算可以供给,其实现程度及后续的可持续发展都还是一个难题。而《农民专业合作社法》也正是意识到这个问题,充分尊重实际情况并力图保证普通成员的利益,规定:在一定条件下,企业、事业单位或者社会团体可以加入合作社。

（3）合作社的经营资源是影响其服务功能实现程度的关键因素。经营资源是合作社存在的基础，经营规模有利于实现合作社农资供应服务的规模效益，降低生产投入成本，从而促进农资供应服务的实现程度；成员出资对加工服务实现程度的促进作用说明加工服务实现程度对资金的依赖和对成员参与度的依赖；商标建设对产品销售服务和产品加工服务实现的程度有促进作用，这表明走品牌化经营是合作社战略经营的主要方向。

（4）对于合作社服务功能的实现而言，制度资源对其保障作用不可忽视。其一，服务制度的直接价格改进是刺激成员使用合作社服务的主要因素，例如农资供应服务制度中的低价供应和产品销售服务中的高价购买，是成员看得见的效益改善。其二，分配制度中的二次返利对成员使用合作社服务也有促进作用。二次返利会促进成员对合作社服务的使用程度，也提升了成员对合作社的信任与依赖。其三，合作社外部制度资源也促进和约束着合作社服务供给与服务需求的对接。合作社是成员为共同利益联合而成，凡是有利于福利改善的服务合作社都可以供给，但限于资源有限，并不能完全实现服务的供给。这时，外部的资金扶持和政策支持就显得尤为重要。

8 农民专业合作社服务功能的演进及其驱动因素

服务成员是农民专业合作社成立的根本目的、出发点,服务成为农民专业合作社与其他组织相区别的最关键因素,但是农民专业合作社的服务如何演进还是一个空白。本章以粮食类专业合作社为对象,研究分析了案例合作社 RF 合作社和 LH 合作社服务功能演进路径及其驱动因素。研究结果表明,农民专业合作社的服务演进过程是一个动态的过程,是农民专业合作社基于资源基础和资源积累的内外部驱动因素共同作用的结果。

8.1 案例选择与分析方法

针对现有的理论缺口,本书旨在对农民专业合作社服务功能的演进路径及其驱动因素进行探讨。合适的研究方法,是本书首先需要考虑的问题。案例研究法是基于大量的定性数据,对某一特定现象或问题进行深入描述和剖析的方法(Yin,1994),适合探索某一特定现象背后的动态复杂机制(Eisenhardt,1989),尤其适合用于观察和总结组织内部的纵向演变机制(Pettigrew,1990)。另外,由于目前国内尚未有类似的研究,从研究文献角度上也很难提出相应的理论模型,故本书采用案例的方式探讨合作社服务功能的演进及驱动因素。

我们尝试以案例研究的方法对农民专业合作社服务功能的演进进行分析。从农业产业化角度来考虑,农民专业合作社为其成员提供的服务,可以看成专业化分工基础上的一种交易。这种专业化分工基础上的服务涉及产前、产中和产后各个环节，农民专业合作社在产前阶段可以为成员提供农资供应等服务；在产中阶段可以为成员提供生产管理服务（包括技术服务、栽培服务、植保服务、收获服务等）；在产后阶段可以为成员提供产品销售服务和产品加工服务等。基于此，本书采用农民专业合作社为成员所提供的服务内容的拓展、服务范围的扩大或服务能力的提升作为农民专业合作社服务演进的特征。

8.1.1　案例选择

Eisenhardt(1989)指出，在案例研究的选择过程中，要选择突出的、极端的案例以便于比较，从而能够帮助扩展现有理论。本书所选案例的典型性体现在，选取产业产品类别的典型性、地区的典型性以及案例合作社的典型性。

本书选取的合作社是地处黑龙江省齐齐哈尔市的粮食类合作社。其典型性体现在：① 产品类别的典型性。民以食为天，"手里有粮，心里不慌"。对于占世界约 1/5 人口的中国来说，粮食的重要性再怎么强调都不为过。邓小平曾说："粮食关系国计民生，只有粮丰价稳，才能保障国家经济安全和社会稳定。"② 地域的典型性。黑龙江省是我国最大的商品粮基地，享有"北大仓"的美誉，承担着保障国家粮食安全的战略重任。自身需要和保障国家粮食安全，都决定着黑龙江必须把粮食生产作为发展的一个永恒主题。最终选择齐齐哈尔市是因为笔者跟随农业部经管司一同前往调查的便利条件。③ 案例合作社的典型性。RF 合作社被时任农业部农村经济体制与经营管理司司长孙中华认为是全国合作社的典范，LH 合作社也被齐齐哈尔市农委主管部门认为是当地粮食合作社的缩影，当地 80% 的粮食合作社都差不多是这样子，但 LH 合作社是其中发展得比较好的。

在选择案例时，我们还重点考虑了纵向数据的可获得性。合作社是国内发展不久并开始成型的合作经济组织，因发展的多样性，本书选取《农民专业合作社法》颁布施行后成立的合作社。这样，可避免由于时间久远而导致案例数据的丢失和失真。

8.1.2 案例数据收集

1. 资料来源

本书遵循西方学者关于案例方法的基本步骤和原则,同时借鉴国内学者在研究国内问题时所采用的案例方法。在案例信息的收集过程中,我们遵循"三角资料"鉴定法(Miles & Huberman,1984；Patton,1987),即案例的资料要从多个渠道获取,以便相互印证。本书案例资料的主要来源有:

(1)实地调查和深度访谈信息。我们通过三阶段二次回馈式访谈,访谈对象包括合作社的管理人员和普通成员,来进行案例信息的互相验证和穷举。

(2)合作社内部资料。在不涉及泄露合作社商业机密的前提下,我们向合作社索要尽量多的资料,并进行实地考察,掌握合作社的发展历史及现状,筛选对案例有帮助的信息进行整理归类。

(3)媒体资料。案例合作社本身的典型性使合作社受到电视台、新闻媒介、报纸的报道,我们对这部分信息进行了深入的收集整理。

(4)相关主管人员访谈。合作社的特殊属性,使得政府对合作社的发展有着特殊的关注,除了关注区域合作社整体发展,尤其关注一些发展比较好的农民专业合作社。所以,县、市、省等相关政府管理部门对我们选取的两个案例合作社都比较了解。对于 RF 合作社,我们对黑龙江省农委农机局、农村经济经营管理站的主管领导进行了访谈;对于 LH 合作社,我们对齐齐哈尔市农委的主管领导进行了访谈,来进一步验证合作社信息。具体案例信息收集的情况如表 8-1 所示。

2. 数据采集

案例合作社的一手数据收集主要采用面对面的访谈形式,具体的访谈步骤、访谈对象与访谈目的如下:

(1)管理层的初步访谈。对管理层(社长或理事会成员)的初步访谈是为了获得基本信息。主要采取开放式访谈的方式,对一些基本问题进行了解,使我们获得初步的信息和思路框架。

(2)农户的初步与回馈式访谈。对农户(核心成员、非核心成员、非成员)的初步和回馈式访谈主要是为了了解农户的基本情况。对其进行开放式访谈，访谈的问题较为开放，着重对合作社的服务功能进行一些访谈，并基于合作社的初步访谈进行回馈式访谈，深入农户了解对合作社服务功能的看法。

表 8 - 1　案例信息收集情况

	RF 合作社	LH 合作社
目前主要产品	大豆、玉米、土豆	水稻、大米
访谈形式	座谈会 2 场＋补充访谈	面对面访谈
被访谈者	社长、监事长、普通成员共 11 名；相关主管领导 2 名	社长、技术顾问、普通成员共 5 名；相关主管领导 1 名
访谈时间	7 个小时以上	4 个小时左右
访谈信息	27 页访谈纸质记录＋全程录音	19 页访谈纸质记录＋全程录音
内部资料	文案工作很全面细致，整理出与研究相关资料 30 页	整理后 6 页，另有图片多张
外部资料	24 份	4 份

注：外部资料包括媒体报道、期刊研究文章等。

（3）相关主管人员的访谈。对相关主管人员的访谈是为了获得区域发展基本信息，并补充、验证案例合作社的信息。具体的方式为：对样本合作社的主管领导进行访谈，一是获得区域发展基本信息，二是进一步验证已获取的信息，并补充新信息。

（4）管理层的回馈式访谈。对社长或理事会成员的回馈式访谈是为了对成员、非成员及主管人员的信息进行补充并验证。在对上述三阶段的信息进行整理和总结之后，我们聚焦具体问题，对合作社的管理层进行汇报式访谈，再次询问他们的观点或看法，对信息进行进一步的验证和扩充，以达到穷举案例数据的目的。

8.1.3　案例数据分析方法

对案例数据分析之前，本书并没有设定最初的理论偏好和初始理论假设，故采用深度内容分析法（Eisenhardt，1989）。我们以小组的方式分别进行案例数据的分析，先由小组中的两人分别对案例进行单案例的分析归纳，整理出初步结果后,再由团队进行比较讨论,从而确定内容分析结果。案例数据分析路线如图 8-1 所示。

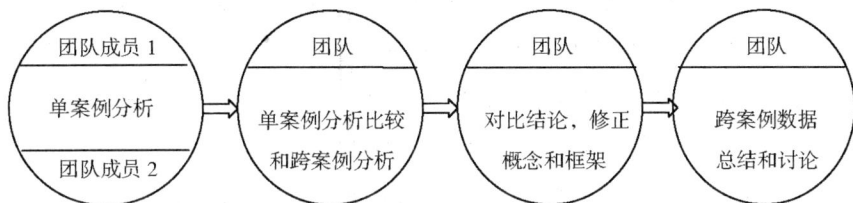

图 8-1 案例数据分析路线

8.2 案例研究分析

8.2.1 单案例信息描述[①]

1. RF 合作社

RF 合作社成立于 2009 年 10 月,是全国农机合作社示范社,也是黑龙江省唯一一个现代农机合作社示范社。RF 合作社地处克山县河南乡乡直所在地,距县城 30 公里,作业区内耕地面积 22 万亩。目前合作社的主营农产品为大豆、玉米、土豆等粮食类作物。2013 年,合作社成员总数达到 2436 户,入社土地面积达到 50159 亩,人均土地面积约为 21 亩,拥有各类大型机械 113 套,价值 2622 万元。

2009 年,时任 RF 村支书的 L 社长充分利用黑龙江省投资组建千万元规模现代农机合作社的政策支持,吸引当地其他 6 户农民,以入股的形式筹集资金 850 万元,加上国投资产 1234 万元,组建了 RF 合作社。为了支持合作社发展,乡政府腾出后院的一块场地让合作社修建库房。当年冬天,合作社的大机械全部到齐。看着这些神气的"大家伙",大伙攒足了劲准备大干一场。

2010 年春,合作社正式运营。合作社选取了两种经营模式:一是自主经

---

① 信息描述的数据来自合作社提供的数据、主管单位提供的数据等,部分表述直接引用了合作社提供的资料。

营土地。合作社以每亩 240 元的价格从农民手中租赁了 1100 亩土地准备种大豆。可到种地时，大家都傻眼了，租来的土地是分散的 47 片，一条一块都没能连成片，大机械根本派不上用场，眼睁睁看着大家伙成了"摆设"。二是外出代耕。L 社长等人以为有了大机械，自主经营不行，给别的农户代耕同样也是可以赚钱的，但事实证明，他们的如意算盘又一次落空了，出去代耕也是问题多多，委屈重重。最主要的问题就是"油耗多、耕作亩数测量不准（别人跟你要赖，你说 65 亩，他偏说只有 60 亩）、付钱不及时、收钱难等问题，感觉心里很不舒服"。

秋后收入和支出相抵，闹个不赔不赚，大伙辛苦一年落个白忙乎儿。有些成员对合作社的发展前景失去了信心，并萌生退意。正在成员信心动摇的时候，省农委领导 W 主任等一行来合作社调查。在听取 L 社长的汇报后，W 主任认为合作社之所以没有发挥大机械的作用是因为土地的种植面积没有形成规模，建议合作社要吸引更多农民以土地入社，让普通农民也成为成员，把农民与合作社融为一体。

听取相关建议后，合作社随即召开理事会商议决定：以每亩 350 元，高出当地农户自行转包 110 元的价格作为保底分配，吸引农民以土地入社。合作社的决定，得到了村里农户的积极响应。不到一周的时间，就有 307 户农民要求以土地入社。合作社自营土地一下扩大到了 1.5 万亩，实现了规模经营，为大机械作业打下了基础。

为了让成员增产增收，合作社请来农业专家，挑选高产、稳产品种，集中种植了 1.3 万亩玉米和 2000 亩土豆，并实行统一播种、统一田间管理、统一收获的种植模式。这一年，合作社种地收入 2045.2 万元。合作社还积极"走"出去，帮助附近村民代耕，收入 718.5 万元。扣除机具折旧、维修，管理人员工资和土地经营的投入，合作社 2011 年盈余达 1342.2 万元。按照合作社成员大会制定的利润分配方案，成员平均每亩收益为 710 元，比当地农民土地租赁收入多 470 元。这还没有考虑土地入社成员在外打工的收入。

在看得见的利益驱使下，全乡 9 个行政村的农户积极主动要求入社，2012 年合作社入社成员总数达到 1215 户，土地面积达到 30128.4 亩。合作社盈余为 2758 万元，按照成员大会制定的分配办法，成员平均每亩收益为 730 元。此外，2011 年和 2012 年合作社共提取公积金 1260 多万元，现在正常经营基本"不差钱"。

RF 合作社的出现改变了 RF 村一家一户"单打独斗"的种地模式,现在合作社成员通过成员(代表)大会,以"一人一票"决策制度决定合作社的重大事宜,包括主营产品的选择、利益的分配等。

2. LH 合作社

LH 合作社,注册登记于 2007 年 10 月,是齐齐哈尔市第一家水稻合作社,也是齐齐哈尔市第一家工商办执照的合作社。LH 合作社的主营农产品为水稻、大米。合作社的名字"LH"意为"绿色环保",表达了社长对合作社生产的产品的期望。合作社位于梅里斯达斡尔族区卧牛吐达斡尔族镇,地处嫩江北岸,有得天独厚的肥沃土地和没被污染的嫩江水,有种植绿色环保水稻的理想自然条件。该镇 1992 年开发种植水稻,引嫩江水灌溉,近几年更有较大的发展,今年水稻种植面积已达到 80000 亩,其中绿色水稻 77000 亩、有机水稻 3000 亩。但前几年,水稻品种混杂,多达几十个,很多农户盲目种植,没有固定的品系品种,更不懂科学管理,致使很多农户劳累一年,收入有限,还有一些农户,秋后赔钱,生活贫困。鉴于这种情况,由现任合作社社长等 10 人出资发起,于 2007 年 3 月组建合作社。合作社目前已有 6 万亩水田,其中 6000 亩种植有机水稻,54000 亩种植绿色水稻。合作社人均土地规模为 500 亩,最大规模为 4500 亩,最小规模为 100 亩。

合作社的成立并不是一帆风顺的。Z 社长以前是卖种子、化肥的,有自己的农资店铺,但随着农资成本的提升和交通的便利,竞争越来越残酷,做农资生意越来越不挣钱了。Z 社长在家看电视、看报纸,知道了合作社,上面都说办合作社好,说国家支持办合作社,所以就想成立以生产经营绿色水稻为主打产品的水稻合作社。Z 社长的哥哥是水稻专家、高级农艺师,曾任齐齐哈尔市水稻协会秘书长、农机推广中心主任、水稻所所长。Z 社长找哥哥商量,两人都觉得绿色食品是未来发展的方向,决定成立合作社。成立合作社碰到的第一个困难就是资金短缺。成立合作社需筹集 200 万元的注册资金,Z 社长自己想办法,由他个人出资 180 万元,其他 5 个主要成员出资 20 万元,一般成员不出资,一共 17 个人组建了合作社。除了社长自己,其他人都是有土地的。我们问社长为什么愿意出这么多钱,他说当时就是想把合作社办起来,想种植绿色水稻,没有想太多。一开始自己心里也没底,是硬带起来的。

2008 年合作社开始运作。当年有 86 户成员，入社 1.47 万亩田地，其中无公害水稻 3000 亩、有机水稻 1500 亩，其余是种植普通的水稻。合作社在服务成员方面，包括品种选择、种植模式、田间管理、产品销售方面做到统一。

2009 年合作社逐渐成长。在种苗供应方面，合作社确立了当家品种——"垦鉴 12 号"和"龙稻 7 号"两个品种，种子在绥化种子站统一订购，育苗由合作社雇人统一进行，最终田地种植何种秧苗、何时移植等都由合作社看田地的情况统一安排。合作社以成本价提供种苗，只为统一品种，不为盈利；成员也必须统一使用合作社提供的种苗，否则合作社将不收购其种植的水稻。

农资供应方面，合作社统一使用有机肥、生物肥，合作社有自有的技术人员，肥料厂保证有机肥、生物肥的供应。有机肥、生物肥都是低价销售，成员必须统一使用，只为了保证最终水稻的质量，不为盈利。

生产管理方面，合作社统一安排，进行技术指导。例如，病虫害防治等都由合作社统一通知、安排，有人指导，但具体操作由成员自行进行，机耕、插秧、撒药、收割等都由成员自行完成。合作社不拥有农机等固定资产，成员自有，合作社帮忙购买，可享有国家补贴。生产环节，成员必须按照合作社安排的流程走，否则影响后期产品的销售。

产品加工方面，合作社有自有加工厂、仓储车间，可对水稻进行仓储、包装、精加工等。合作社基于米业加工厂成立米业公司，米业公司于 2011 年开始投入，2012 年投产。为什么搞米业加工呢？合作社 2011 年以前主要搞销售，找别人代加工，但质量无法控制，保证不了质量。"去年买你米的人，吃着好，再来买，发现口感不一样了。这不行，我们就决定自己搞加工厂了。"实际上，加工厂是社长"独资"的，一共投入了 500 多万元，全是社长自己的钱，注册"LH 米业公司"，法人代表是社长的儿子，股份儿子占 50%，社长占 50%。但加工厂着实也是在为合作社服务，一是成员可以来加工厂加工大米，加工只收成本价；二是加工厂盈利后，可以在品种改良和有机肥、生物肥等方面投入更多的资金，以加大科研力度。

产品销售方面，合作社对成员按标准流程进行生产的水稻进行统一销售，目前覆盖率为 100%。合作社收取成员谷物的价格比市场价一般高

0.05～0.20 元/斤。具体为：普通稻谷比市价高 0.05 元/斤,绿色稻谷比市场价高 0.10 元/每斤,有机稻谷比市场价高 0.02 元/斤。2010 年注册了商标"达香",已形成一定的品牌效应,产品销路很好。

8.2.2　跨案例比较

1. 粮食合作社的特殊性

第一,产能规模是产业技术保障,是产品盈利的关键点。粮食合作社的组成有两种情况,假设合作社有 N 个成员农户：① 若都是小规模农户,则有农机服务需求,也有销售服务需求;② 若都是中规模农户,产中可以自给自足,因为有购买农机补贴,产后若要获得更多利益则需要销售服务与加工服务。这是非一致合作的情况。其实,在这种情况下,产前并不重要,但产中的生产管理还是必需的,以保证之后的产品质量。

第二,外部介入是强制的制度资源,是合作社服务功能演进的保障。外部资源投入,会改变合作社的技术基础。所以大量农机的投入,对小农集中的地方影响比较大。大农机的应用,农户数量不重要,重要的是种植规模,尤其是连片规模,一旦形成连片的大规模,就会形成一致合作。此外,大农机对劳动力具有替代作用,会排斥劳动力,导致成员成为拥有土地的非农从业者。

2. 合作社产品的共同技术向度

合作社产品的共同技术向度是指合作社的产品属性是相同的,即 RF 合作社和 LH 合作社内部或者外部技术性向度都是一致的,都是按照"产前→产中→产后"的顺序向成员提供服务,主营产品的盈利关键点都是产能规模。

3. 合作社技术向度的实现

合作社技术向度的实现,即如何通过制度安排来实现这种技术向度。RF 合作社是通过不断吸引周边农户加入,并以土地或大农机等实物形式入股合作社,以实现产能规模。LH 合作社是内生型合作社,因当地户均规模本来就较大,而且,对入社农户也有一定的产能要求,基本上在社成员都是中规模或者大规模的粮食种植者,产能规模能得到保证。

4. 合作社服务功能的演进具有差异性

由图8-2和图8-3可知，RF合作社和LH合作社组建之初，为成员供给的服务并不相同，RF合作社是以农资供应服务为起点，LH合作社则是以生产管理服务为起点。随着时间的推进，合作社整合拥有的资源（大农机的物力资源，技术和管理等人力资源），并不断争取外部相关资源（政府资金扶持），RF合作社开始向生产管理服务、产品销售服务等内容拓展，并不断引入新成员，扩大服务范围。而LH合作社则利用自身的资源基础（良好的种植环境、适中的产能规模），并随着自身资源的积累（良种的不断试验与改良、绿色肥料的研发成功、注册商标的申请、境外销售渠道的打开），LH合作社由生产管理服务逐渐向产前的农资供应服务、产后的产品销售服务和产品加工服务拓展。

在服务演进方面，目前受到普遍认可的是由Sundbo和Gallouj（1998）在

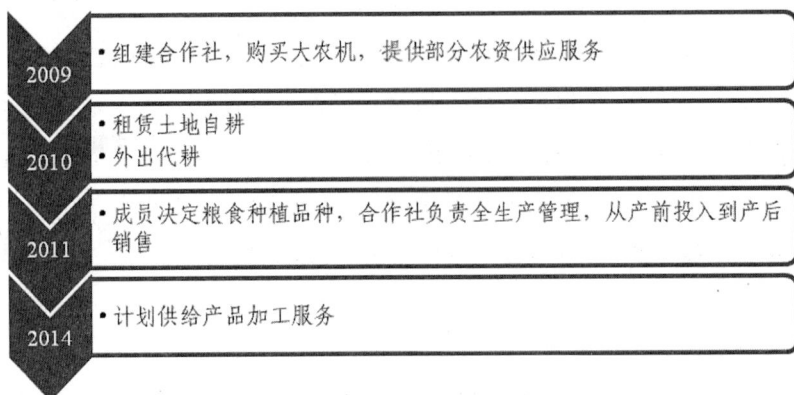

年份	内容
2009	组建合作社，购买大农机，提供部分农资供应服务
2010	租赁土地自耕 外出代耕
2011	成员决定粮食种植品种，合作社负责全生产管理，从产前投入到产后销售
2014	计划供给产品加工服务

图8-2　RF合作社服务功能演进路径

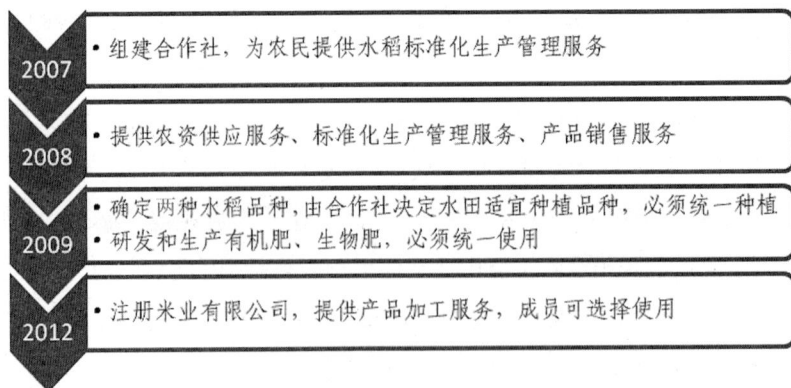

年份	内容
2007	组建合作社，为农民提供水稻标准化生产管理服务
2008	提供农资供应服务、标准化生产管理服务、产品销售服务
2009	确定两种水稻品种，由合作社决定水田适宜种植品种，必须统一种植；研发和生产有机肥、生物肥，必须统一使用
2012	注册米业有限公司，提供产品加工服务，成员可选择使用

图8-3　LH合作社服务功能演进路径

多个欧洲国家服务企业调查基础上提出的"服务演进驱动力模型"。该模型指出驱动服务演进的因素可划分为内部因素和外部因素。图 8-4 为 RF 合作社服务演进过程的内外部驱动模型。

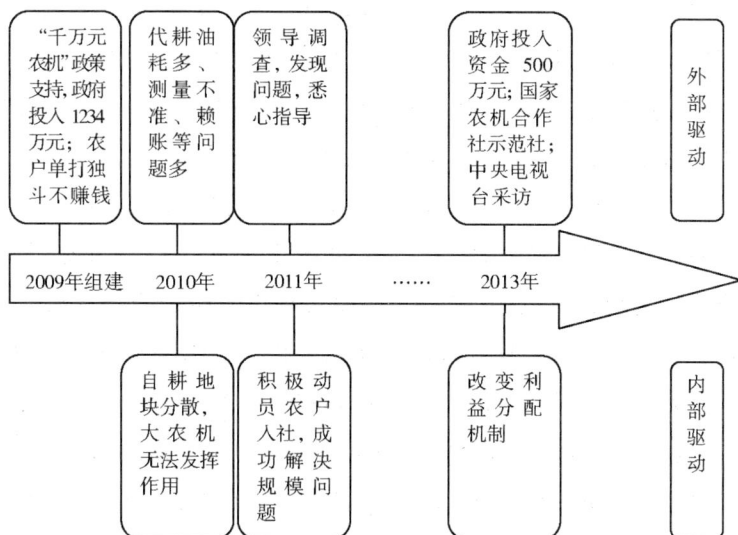

图 8-4　RF 合作社服务演进过程中的内外部驱动模型

通过对 RF 合作社和 LH 合作社的内外部驱动因素分析(见表 8-2),可知合作社服务功能的演进是基于合作社自身资源基础并对资源进行不断积累的过程。

表 8-2　RF 合作社和 LH 合作社服务功能演进驱动因素

			RF 合作社	LH 合作社
内部驱动因素	资源基础	自然资源	户均种植规模较小	土壤、河流、天气都适合种植绿色、有机水稻;户均种植规模大
		物质资源	大农机	已有农资店、烘干塔等
		人力资源	社长的社会地位和能力	社长的能力
	产品盈利关键点		产能规模	产能规模
外部驱动因素	制度环境		—	《农民专业合作社法》颁布
	政策环境		政府资金支持	—
	关键行为人		省农委 W 主任	社长的哥哥

8.3　案例研究结果

从技术上讲，对于粮食合作社而言，必须要有产能规模，而土地是不可或缺的生产要素。从技术特性的角度来看，粮食类农作物的产品属性决定粮食生产是一定按照技术性向度，有产前、产中、产后等环节的。LH 合作社其实就是若干个家庭农场的合作，单体都是足够规模的农户，相较而言，RF 合作社的成员人均种植规模并不大。合作社成立时的初始资源禀赋对合作社的服务创新路径有着深刻的影响。(1) RF 合作社因为大农机而组建，同时也因为当地户均粮食种植规模不是很大，而要发挥大农机的作用就必须要有规模，要有集中连片的土地，只有这样才能统一耕作。RF 合作社有其特殊性，存在一定的人为干预，但正因为特殊，才有价值。LH 合作社是自发组建的合作社，运营过程中没得到外界的任何资助或扶持，户均规模也较大，故每个成员拥有自己的农机，粮食生产环节的具体操作，如治虫、收割等由成员自己完成，只要按照合作社制定的流程和要求进行即可。(2) RF 合作社和 LH 合作社的社长能力对合作社服务演进也有影响。RF 的社长，有管理能力，着重点在粮食生产环节全过程管理等方面的服务创新，借管理能力提高效率；LH 的社长有营销能力，着重点在与市场息息相关的产品品种确定、生产过程控制、产品销售渠道拓宽等方面的服务创新，借营销能力提高效率。

两个案例合作社都是比较成功的合作社，它们在发展的同时也伴随着服务功能的不断演进。合作社的服务演进不仅仅依赖于内部驱动因素，外部驱动因素也不容小觑。RF 合作社在第一年运营之后，由于投入大、亏损多，而导致成员人心涣散，合作社的前途岌岌可危。此时，恰逢省农委领导 W 主任等一行来合作社调查，也得益于社长的坦诚相告，合作社的问题及时被发现，并一步一步得到解决。在之后的运营中，社长一直与 W 主任保持密切的联系，W 主任也一直充当着合作社的领路人。在合作社重大事项的决定上，既要听取全体成员的意见，有时也会请 W 主任"把把脉"，例如对于提不提供加工服务，成员与 W 主任经过商讨决定暂时不考虑。LH 合作社的外部关键行为人则为社长的哥哥。社长的哥哥是著名水稻专家，不是合作社成员，但担任合作社顾问一职。他可以提供水稻种植各个环节的技术指导，对种子有研究,知道什么土壤适合什么种子;对化肥有了解,知道使用什么样的化肥才符合有机、绿色水稻生产的标准;对水稻种植技术也有掌握,什么时候该干什么也一清二楚。所以,LH合作社水稻和大米能如此成功,社长的哥哥这个外部关键人物功不可没。

8.4　本章小结

本章通过对 RF 合作社和 LH 合作社的案例研究,梳理了两个合作社服务功能演进过程及其驱动因素,主要结论有:

(1)合作社服务演进是一个动态过程。RF 合作社的服务从之前农户的小规模生产,演变为之后的合作社利用大农机统一服务进行生产。LH 合作社的服务从之前的单家独户生产,到合作社成立之初时提供统一种苗供应、统一物资采购、统一田间管理、统一销售等服务,再到后来的统一研发生产有机肥、生物肥和提供加工服务。这些合作社的服务演进过程看似是一种随机过程,但实际上是合作社内外部驱动因素共同作用的结果。无论是 RF 合作社还是 LH 合作社,在自身可利用的自然资源、物质资源、人力资源基础上,积极抓住外界可利用的规章制度、政策意见等,不断拓展自己的服务功能,对服务内容、服务方式等进行创新。

(2)合作社服务演进是一个资源积累的过程。基于本书的案例分析,可以看出合作社的服务演进过程,是合作社基于自身的资源基础,合理利用政策法规、准确把握市场机遇、不断满足社员需求的过程,也是合作社进行资源积累,提高自身综合实力的过程。

尽管我们尽力选取粮食领域的代表性合作社进行典型分析,但由于案例本身的局限性,本结论的普适性成为不可忽略的局限之一。并且,本书所展示的服务演进路径也不是唯一的路径,只是众多演进路径之一。未来的研究可以通过更深入的单案例研究、动态仿真等方式对研究结论的有效性进行检验和作进一步的探讨。

9 研究结论和政策建议

9.1 研究结论

本书基于对浙江、四川和黑龙江三省238份农民专业合作社组织层面问卷和531份成员层面问卷,对其服务功能的需求、供给以及供求实现程度的现况进行了统计分析,并依次对它们的主要影响因素进行了计量分析。同时,对其服务功能的演进进行了规范的案例研究。主要结论有以下几点:

(1)关于合作社服务的需求。生产经营不同产品类型的成员对合作社的不同服务有着不同的需求程度,目前阶段,各产品类别的成员仍对产品销售服务有着最强烈的需求,各产品类别对产品加工服务的需求倾向差异较大。成员对于合作社组织属性的认知程度影响成员对标准化生产管理服务和产品加工服务的需求倾向,对合作社组织属性认识越清楚的成员越倾向于需求合作社的加工服务。企事业单位加入合作社,对成员的服务需求具有一定的带动性作用。

(2)关于合作社服务的供给。不同产品类别的合作社的服务供给状况有所差异,这不仅受到社长社会经历的限制,也受到合作社自身经营资源条件对合作社各项服务的供给的不同程度约束,更受到对合作社政策扶持与资金投入的直接导向性影响。

(3)关于合作社服务的实现。服务的实现取决于服务需求与服务供给的相互作用。不同产品类别的合作社服务功能实现程度具有显著差异,特别是产品加工服务实现程度差异较大,其绝对供给情况最不乐观,还有很大的提升空间。合作社的人力资源拥有状况会显著影响其服务功能的实现程度,特别是对产业链后端的产品加工服务实现程度的影响。强化成员出资和走品牌化经营道路对合作社产品销售服务和产品加工服务实现程度具有较强作用。服务制度的直接价格改进、分配制度中的二次返利对合作社服务实现程度有显著的作用。

(4)关于合作社服务的演进。合作社的服务演进是一个基于资源基础并对资源进行不断积累,服务需求与服务供给的不断作用与反作用而促进服务功能不断实现的动态过程。合作社内部的社长人力资源、经营资源和外部的资金扶持、政策支持是合作社主要的驱动因素。

总而言之,产品特性对合作社服务功能的需求、供给及实现都有一定程度的影响。成员的人力资源和生产资源约束其服务需求,而合作社的组织资源促进其服务需求,资金扶持和政策法规引导其需求。合作社拥有的人力资源和经营资源约束其服务供给和服务实现,而资金扶持和政策法规为服务供给和服务实现提供了可能性。合作社内部相关保障服务功能的制度,如农资价格、产品价格、二次返利直接影响着服务的实现程度,特别是影响标准化生产管理服务、产品销售服务和产品加工服务的实现程度。正是在这些因素的不断作用下,合作社的服务需求与服务供给不断作用与反作用,作用结果反映出服务实现程度不断变化,最终形成合作社独特的演进路径。

9.2 政策建议

基于以上结论,结合中国合作社的发展实际,以及前文对合作社服务功能的理论分析,本书给出如下的政策建议。

(1)加强合作社的人力资源建设。合作社人力资源代表着合作社服务功能使用主体和供给主体的素质。人力资源建设主要从合作社企业家培养和成员合作意识加强两个方面进行。其一,关于社长能力的提升。一方面,各级行政主管部门应建立合作社社长监督服务制度,像企业培育员工一样对社长进行市场营销、经济管理和法律制度等方面的培训,以及为不同合作社社长之间的交流合作提供平台、增强社长的政府关系能力、社会关系能力、资源整合能力和为成员服务的意识。另一方面,社长应主动提高自身能力,从实践中总结经验或者参加社会上的专门培训。社长应该准确定位自己在合作社中当家人的角色，为合作社事业奉献，主动承担责任，增强整合土地、资金、技术以及人才等方面的资源的能力。其二，关于成员合作意识的加强。培养社员的合作意识可以通过两种方式：实践参观与教育培训。可以组织社员代表去发展较早且比较成功的合作社参观学习，让社员切切实实地看到使用合作社服务是能够使他们增加收益的。也可以由合作经济领域的专家学者或主管合作经济的职能部门对合作社的成员进行合作意识培训。培训内容可以是合作经济发展的历史轨迹、发展路径、合作社的优势，以及政府对合作社的支持政策等，让社员深入地了解合作社的本质特点及发展前景。成员合作意识的提高有利于刺激其服务需求。

（2）推动合作社的产品品牌培育。品牌是给合作社带来溢价、产生增值的一种无形资产。由品牌的法定形式商标对合作社各项服务功能实现程度的逆向推动可知，品牌化经营对合作社服务功能实现的重要性。具体可以从三个方面推动合作社产品的品牌化经营：一是加强对产品品牌的推广。消费者对政府的信任是农产品品牌能够快速推广与发展的重要条件，政府可以利用政府信誉为合作社推广品牌在乡土文化与时代性两个品牌诉求上承担信誉保证，从而减少消费者的认知成本与认知风险，实现品牌的跨越式发展。二是加强对产品品牌的保护。品牌的保护是品牌得以长盛不衰与持续发展的重要手段。品牌商标是一种可视化的质量保证，因而政府对农产品品牌的保护首先体现在对品牌商标的保护。面对越来越多的强注商标案件，合作社也不能再抱有先成名再注册的侥幸心理。政府应对企业宣传注册商标的重要性，以及注册的有关程序。另外，政府工商管理部门应大力打击假冒商标，有效地维护商标的品牌形象，从而为农产品的品牌建设创造良好的市场环境，维护品牌的高质量形象。

（3）完善合作社的服务保障机制。合作社服务功能能否实现，很大程度上取决于服务的保障机制。一是降低农资供应的价格，扶持合作社进行优质或有机农资的研发，减少成员的生产投入成本，提高产品的质量，起到为成员减本、增质的作用。二是完善惠顾返还制度。坚持以按交易量与按股份分配相结合的形式对成员进行惠顾返还。按交易量返还可以保证普通成员使用合作社服务功能的热情，按股份分配返还可以激励出资成员继续提供服务所需的资金。我们从实地调查中发现,虽然《农民专业合作社法》中对惠顾返还有着明确的要求,但能真正这样做的合作社还比较少。惠顾返还不仅关系到成员的利益,也关系到他们对合作社的信任程度,继而影响对各项服务功能的使用情况,对这一问题必须引起高度重视。

(4)加大合作社的资金扶持力度。资金是合作社发展和服务功能实现最关键也是最缺乏的资源。应通过以下途径加大对合作社的资金扶持:一是加大财政扶持力度。建立稳定的财政扶持合作社投入机制。合作社开展信息、培训、农产品质量标准与认证、标准化生产、品牌建设、农业生产基础设施建设、新品种新技术引进推广、市场营销、农产品展示展销等。各级财政部门应将扶持合作社的经费列入年度预算,并根据合作社发展情况,逐步增加财政预算,建立稳定的财政扶持农民专业合作组织投入机制。二是推进支农资金整合。统筹支持实施与发展合作社的重点项目,对合作社良种推广、有机肥料研发、标准化生产管理、产品品牌培训和产品加工服务等给予重点支持。

总之,要结合产品特性因素,加强对合作社组织层面和成员层面的外部资源补充机制和内部资源积累机制,从而促进合作社服务功能良性演进,改善农民的农业收入,进而在一定程度上缓解"三农"问题。

参 考 文 献

[1] Amit,R. and Schoemaker,P. J. Strategic Assets and Organizational Rent. Strategic Management Journal,1993,14(1): 33 - 46.

[2] Aoki,M. Controlling Insider Control: Issues of Corporate Governance in Transition Economies. Economic Development Institute of the World Bank,Report No. 94. Washington DC: World Bank,1994.

[3] Baarda,J. R. "Outside" Cooperative Equity: Obligations, Tradeoffs, and Fundamental Cooperative Character. Kansas City,Missouri: NCR - 194 Conference, 2004: 1 - 37.

[4] Baker,D. and Theilgaard,S. Group Action by Farmers,Abel Projects ApS,Draft Report for the World Bank. Washington DC: The World Bank, 2004.

[5] Barney, J. Firm Resources and Sustained Competitive Advantage. Journal of Management,1991,17(1): 99 - 120.

[6] Barton,D. Principles. In D. Coba(Ed.). Cooperatives in Agriculture. Englewood Cliffs,NJ: Prentice - Hall,1989: 21 - 34.

[7] Bernard,T. ,Taffesse,A. S. and Gabre, M. E. Impact of Cooperatives on Smallholders' Commercialization Behavior: Evidence from Ethiopia. Agricultural Economics,2008,39(2): 147 - 161.

[8] Bijman,J. and Hendrikse, G. Co-operatives in Chains: Institutional Restructuring in the Dutch Fruit and Vegetable Industry. Journal on

Chain and Network Science,2003,3(2): 95 – 107.

[9] Bijman,J. and Hendrikse,G. W. J. Organisational Efficiency in the Fresh Produce Chain: The Role of the Marketing Cooperative. Rotterdam: Erasmus University,2002.

[10] Bijman, J. Agricultural Cooperatives and Market Orientation: A Challenging Combination? In Adam Lindgreen,Martin Hingley,David Harness,et al(eds.), Custance,P. ,Market Orientation: Transforming Food and Agribusiness Around the Customer. Aldershot,UK: Gower Publishing Company,2010: 119 –136.

[11] Bijman,J. ,Hendrikse,G. and Oijen,A. Accommodating Two Worlds in One Organisation: Changing Board Models in Agricultural Cooperatives. Managerial and Decision Economics,2013,34(3 – 5): 204 – 217.

[12] Bijman,W. J. J. ,Hendrikse,G. W. J. and Veerman,C. P. A Marketing Co-operative as a System of Attributes. Research Paper,2009.

[13] Borgen, S. O. Rethinking Incentive Problems in Cooperative Organizations. Journal of Socio-Economics,2004,33(4): 383 – 393.

[14] Burress,M. J. ,Cook,M. L. and Klein,P. G. The Clustering of Organizational Innovation: Developing Governance Models for Vertical Integration. International Food and Agribusiness Management Review,2008,11(4): 49 – 75.

[15] Chaddad,F. and Cook,M. Conversions and Other Forms of Exit in US Agricultural Cooperatives. Vertical Markets and Cooperative Hierarchies,2007: 61 – 72.

[16] Chaddad,F. R. and Cook,M. L. An Ownership Rights Typology of Cooperative Models. Department of Agricultural Economics Working Paper No. AEWP 2002 – 06. Columbia, Missouri: The university of Missouri-Columbia, 2002.

[17] Chaddad,F. R. and Cook,M. L. The Emergence of Non-traditional Cooperative Structures: Public and Private Policy Issues. Minneapolis: NCERA-194 Research on Cooperatives,2003.

[18] Chaddad, F. R. and Cook, M. L. Understanding New Cooperative Models: An Ownership Control Rights Typology. Applied Economic Perspectives and Policy, 2004, 26(3): 348.

[19] Chaddad, F. R. , Cook, M. L. and Heckelei, T. Testing for the Presence of Financial Constraints in US Agricultural Cooperatives: An Investment Behaviour Approach. Journal of Agricultural Economics, 2005, 56(3): 385 – 397.

[20] Cook, M. L. and Burress, M. J. A Cooperative Life Cycle Framework. 2009.

[21] Cook, M. L. and Chaddad, F. R. Redesigning Cooperative Boundaries: The Emergence of New Models. American Journal of Agricultural Economics, 2004, 86(5): 1249 – 1253.

[22] Cook, M. L. and Plunkett, B. Collective Entrepreneurship: An Emerging Phenomenon in Producer-owned Organizations. Journal of Agricultural and Applied Economics, 2006, 38(2): 421.

[23] Cook, M. L. The Future of US Agricultural Cooperatives: A Neo-institutional Approach. American Journal of Agricultural Economics, 1995, 77(5): 1153 – 1159.

[24] Cook, M. L. , Burress, M. J. and Iliopoulos, C. New Producer Strategies: The Emergence of Patron-Driven Entrepreneurship. 2008: 24 – 27.

[25] Cook, M. L. and Chaddad, F. R. Capital Acquisition in North American and European Cooperatives. Madison: Filene Research Institute, 2006.

[26] Cook, M. L. , Iliopoulos, C. and Chaddad, F. R. Advances in Cooperative Theory since 1990: A Review of Agricultural Economics Literature. In George Hendrikse (ed.), Restructuring Agricultural Cooperatives. Rotterdam: Erasmus university, 2004: 65 – 90.

[27] Crémer, J. Risk Sharing, CEO Incentives, and Quality Differentiation in Agricultural Cooperatives: Discussion. American Journal of Agricultural Economics, 2009, 91(5) : 1233 – 1234.

[28] Eisenhardt, K. M. Building Theories from Case Study Research.

Academy of Management Review,1989,14(4): 532 – 550.

[29] Feinerman, E,Falkovitz, M. S. An Agricultural Multipurpose Service Cooperative: Pareto Optimality, Price-tax Solution, and Stability. Journal of Comparative Economics,1991,15(1) : 95 – 114.

[30] Feng,L. and Hendrikse,G. On the Nature of a Cooperative: A System of Attributes Perspective. Strategy and Governance of Networks, 2008: 13 – 26.

[31] Feng,L. and Hendrikse,G. W. J. Chain Interdependencies,Measurement Problems and Efficient Governance Structure: Cooperatives Versus Publicly Listed Firms. European Review of Agricultural Economics,2011.

[32] Fulton, M. The Future of Canadian Agricultural Cooperatives: A Property Rights Approach. American Journal of Agricultural Economics,2005,77(5): 1144 – 1152.

[33] Giannakas,K. and Fulton,M. Process Innovation Activity in a Mixed Oligopoly: The Role of Cooperatives. American Journal of Agricultural Economics,2005,87(2): 406 – 422.

[34] Grant,R. M. The Resource-Based Theory of Competitive Advantage: Implications for Strategy Formulation. California Management Review,33(3),1991: 114.

[35] Hellin,J. ,Lundy,M. and Meijer, M. Farmer Organization,Collective Action and Market Access in Meso-Ameriea. Food Policy,2009,34(1): 16 – 22.

[36] Helmberger,P. G. and Hoos,S. ,Cooperative Enterprise and Organization Theory. Journal of Farm Economics,1962,44: 275 – 290.

[37] Hendrikse,G. Restructuring Agricultural Cooperatives. Rotterdam: Erasmus University,2004.

[38] Hendrikse,G. W. J. and Smit,R. On the Evolution of Product Portfolio Coherence of Cooperatives Versus Corporations: An Agent-Based Analysis of the Single Origin Constraint. Rotterdam: Erasmus Research Institute of Management,Erasmus University,2007.

[39] Hendrikse,G. and Veerman, P. Marketing Co-Operatives: An Incomplete Contracting Perspective. Journal of Agricultural Economics,2001,52(1): 53 - 64.

[40] Hendrikse,G. W. J. Boards in Agricultural Cooperatives: Competence, Authority, and Incentives. Rotterdam: Erasmus Research Institute of Management,Erasmus University,2005.

[41] Hendrikse, G. , Smit, R. and Vieter, M. Orientation in Diversification Behavior of Cooperatives: An Agent-Based Approach. In Gérard Cliguet, Mika Tuunanen, George Hendrikse, et al (eds.), Economics and Management of Networks. Berlin: Physica-Verlag, 2007: 421 - 435.

[42] Hobbs,J. E. ,Kerr,W. A. ,and Klein,K. K. Creating International Competitiveness Through Supply Chain Management: Danish Pork. Supply Chain Management,1998,3(2): 86 - 98.

[43] Hu, Y. , Huang, Z. , Hendrikse, G. and Xu, X. Organization and Strategy of Farmer Specialized Cooperatives in China. In Gérard Vliguet, Mika Tuunanen, George Hendrikes, et al(eds.), Economics and Management of Networks. Berlin: Physica-Verlag, 2007: 437 - 462.

[44] Hueth,B. and Marcoul,P. Incentive Pay for CEOs in Cooperative Firms. American Journal of Agricultural Economics,2009,91(5) : 1218 - 1223.

[45] Iliopoulos, C. and Hendrikse, G. Influence Costs in Agribusiness Cooperatives: Evidence from Case Studies. International Studies of Management and Organization,2009,39(4): 60 - 80.

[46] Jan, T. H. and Dul, G. G. Necessary Condition Hypotheses in Operations Management. Forthcoming in International Journal of Operations and Production Management,2010.

[47] Jayne, T. S. ,Zulu, B. and Nijhoff, J. J. Stabilizing Food Markets in Eastern and Southern Africa. Food Policy,2006,31(4) : 328 - 341.

[48] Jia, X. , Hu, Y. , Hendrikse, G. and Huang, J. Centralized Versus Individual: Governance of Farmer Professional Cooperatives in

China. 2010.

[49] Key, N. and Sadoulet, E. Transactions Costs and Agricultural Household Supply Response. American Journal of Agricultural Economics,2000,82(2): 245 – 259.

[50] King,R. P.,Boehlje,M.,Cook,M. L. and Sonka,S. T. Agribusiness Economics and Management. American Journal of Agricultural Economics,2010,92(2): 554 – 570.

[51] Li,F. and Hendrikse,G. W. J. CEO Compensation in Cooperatives Versus Publicly Listed Firms, 2009.

[52] Liang,Q. and Hendrikse. G. Core and Common Members in the Genesis of Farmer Cooperatives in China. Managerial and Decision Economics,2013,34(3 – 5): 244 – 257.

[53] Liang,Q.,Hendrikse,G. W. J. and Huang,Z. Quality Provision and Governance Structure Variety: Pooling Versus Double Markup. 2010.

[54] Moore, D., Simms, J. R., and Simms, C. G. Personal Security System: U. S. Patent 5334974. 1994 – 08 – 02.

[55] Nilsson, J. and Hendrikse, G. Gemeinschaft and Gesellschaft in Cooperatives. In Mika Tuunanen. Josef Windsperged,Gérard Cliguet, et al(eds.), New Developments in the Theory of Networks. Berlin: Physica-Verlag, 2011: 339 – 352.

[56] Nilsson,J.,Svendsen, G. L. and Svendsen,G. T. Are Large and Complex Agricultural Cooperatives Losing Their Social Capital? Agribusiness,2012,28(2): 187 – 204.

[57] Ollila, P. and Nilsson, J. The Position of Agricultural Cooperatives in the Changing Food Industry of Europe In J. Nilsson (ed.), Strategies and Structures in the Agro-Food Industries. Assen: Van Gorcum, 1997: 131 – 150.

[58] Olson, M. The Logic of Collective Action: Public Goods and the Theory of Groups. Cambridge, Massachusetts: Harvard University Press,1965.

[59] Orts,E. W. Shirking and Sharking：A Legal Theory of the Firm. Yale Law and Policy Review,1998,16(2)：265 - 329.

[60] Osterberg,P. and Nilsson,J. Members' Perception of Their Participation in the Governance of Cooperatives：The Key to Trust and Commitment in Agricultural Cooperatives. Agribusiness,2009,25(2)：181 - 197.

[61] Ouchi,W. G. A Conceptual Framework for the Design of Organizational Control Mechanisms. Management Science,1979,25(9)：833 - 848.

[62] Pennerstorfer,D. and Weiss,C. R. Do Cooperatives Offer High Quality Products? Theory and Empirical Evidence from the Wine Market. Iurich：European Association of Agricultural Economists,2011

[63] Penrose,E. The Theory of the Growth of the Firm. Oxford：Oxford University Press,1959.

[64] Pettigrew,A. M. Longitudinal Field Research on Change：Theory and Practice. Organization Science,1990,1(3)：267 - 292.

[65] Plunkett,B. ,Chaddad,F. R. and Cook,M. L. Ownership Structure and Incentives to Invest：Dual-Structured Irrigation Cooperatives in Australia. Journal of Institutional Economics,2010,6(2)：261 - 280.

[66] Popkin,S. The Rational Peasant：The Political Economy of Rural Society in Vietnam. Berkeley：University of California Press,1979.

[67] Reardon,T. ,Codron,J. M. ,Busch,L. ,et al. Global Change in Agri-Food Grades and Standards：Agribusiness Strategic Responses in Developing Countries. The International Food and Agribusiness Management Review,1999,2(3/4)：421 - 435.

[68] Royer, J. S. Potential for Cooperative Involvement in Vertical Coordination and Value-Added Activities. Agribusiness,1995,11(5) ：473 - 481.

[69] Royer,J. S. and Smith,D. B. Patronage Refunds,Producer Expectations, and Optimal Pricing by Agricultural Cooperatives. Journal of Cooperatives, 2007,20：1 - 16.

[70] Sanderson, K. and Fulton, M. Producer Adaptation to the New

Agriculture: Application of the Cooperative Model to Changes in Market Specification, Regulation and Service Access, Report Prepared for the Canadian Cooperative Association and the Le Conseil Canadien de la Coopération, February. Saskatoon: University of Saskatchewan, Centre for the Study of Cooperatives, 2003.

[71] Sapiro, A. True Farmer Cooperation. World's Work, 1923(5): 84 – 96.

[72] Schmid, A. A. Property, Power, and Public Choice: An Inquiry into Law and Economics. New York: Praeger Publishers, 1987.

[73] Scott, R. W. Organizations: Rational, Natural, and Open Systems. Englewood Cliffs, NJ: Prentice – Hall, 1992.

[74] Sexton, R. J. The Formation of Cooperatives: A Game-Theoretic Approach with Implications for Cooperative Finance, Decision Making, and Stability. American Journal of Agricultural Economics, 1986, 68(2): 214 – 225.

[75] Sexton, R. J. and Iskow, J. Factors Critical to the Success or Failure of Emerging Agricultural Cooperatives. Giannini Foundation Information Series No. 88 – 3. Davis: University of California-Davis, 1988.

[76] Shaffer, J. D. Thinking about Farmers' Cooperatives, Contracts, and Economic Coordination. In Jeffrey S. Royer (ed.), Cooperative Theory: New Approaches, ACS Service Report 18. Washington, DC: USDA, Agricultural Cooperative Service, 1987: 61 – 86.

[77] Soboh, M. E., Lansink, A. O., Giesen, G. and Van Dijk, G. Performance Measurement of the Agricultural Marketing Cooperatives: The Gap Between Theory and Practice. Applied Economic Perspectives and Policy, 2009, 31 (3): 446 – 469.

[78] Sykuta, M. E. and Cook, M. L. A New Institutional Economics Approach to Contracts and Cooperatives. American Journal of Agricultural Economics, 2001, 83(5): 1273 – 1279.

[79] USDA. Understanding Cooperatives: The American System of Business. Washington, DC: Cooperative Information Report 45, Section 1, 1994.

[80] Van Oijen, A. A. and Hendrikse, G. W. Governance Structure, Product Diversification, and Performance. Rotterdam：Erasmus Research Institute of Management,2002.

[81] Wagner, D. G. & Berger, J. Do Sociological Theories Grow?. American Journal of Sociology, 1985, 90(4)：697－728.

[82] Wernerfelt,B. A Resource-Based View of the Firm. Strategic Management Journal,1984,5(2)：171－180.

[83] White, T. F. Livestock, Wool, Poultry, and Meat Cooperatives：Function, Marketing, and Services. Washington, DC：USDA/ACS Research Report,No. 118,1993.

[84] Williamson, O. E. The Economic Institutions of Capitalism：Firms, Markets,Relational Contracting. New York：Macmillan,1985.

[85] Wissman, R. A. Marketing Coordination in Agricultural Cooperatives. Washington,DC：United States Department of Agriculture,Rural Business-Cooperative Service,1997.

[86] World Bank. China Farmers Professional Associations Review and Policy Recommendations,East Asia and Pacific Region. Washington, DC：The World Bank,2006.

[87] Yin,R. K. Case Study Research：Design and Methods. 2nd ed. Thousand Oaks, CA：Sage Publications,1994.

[88] Yin,R. K. Case Study Research：Design and Methods. 3nd ed. Thousand Oaks, CA：Sage Publications,2002.

[89] Zhang,M. and Guo,X. Study on Functions of the Agriculture Cooperative in Food Safety. Agriculture and Agricultural Science Procedia, 2010, 1：477－482.

[90] 毕美家. 以三中全会精神为指导促进农民合作社健康发展. 中国农民合作社,2014(1)：6—7.

[91] 蔡荣."合作社＋农户"模式：交易费用节约与农户增收效应——基于山东省苹果种植农户问卷调查的实证分析. 中国农村经济,2011(1)：58—65.

[92] 池泽新,郭锦墉,陈昭玖,等.制度经济学的逻辑与中国农业经济组织形式的选择.中国农村经济,2003(11):61—65.

[93] 崔蒙蒙,李中华.发展蔬菜产业,合作社大有可为——从实践看蔬菜专业合作社的功能和发展路径.农村经营管理,2011(2):44—45.

[94] 道格拉斯·C.诺思.制度、制度变迁与经济绩效.杭行,译.上海:格致出版社,2008。

[95] 杜晓利.富有生命力的文献研究法.上海教育科研,2013(10):1.

[96] 傅晨.农民专业合作经济组织的现状及问题.经济学家,2004(5):101—109.

[97] 高帆.分工演进与中国农业发展的路径选择.学习与探索,2009(1):139—145.

[98] 龚道广.农业社会化服务的一般理论及其对农户选择的应用分析.中国农村观察,2000(6):25—34.

[99] 龚继红.农业社会化服务体系中组织协同与服务能力研究.武汉:华中农业大学,2011.

[100] 郭红东,蒋文华."行业协会＋公司＋合作社＋专业农户"订单模式的实践与启示.中国农村经济,2007(4):48—52.

[101] 郭红东,蒋文华.影响农户参与专业合作经济组织行为的因素分析——基于对浙江省农户的实证研究.中国农村经济,2004(5):10—16.

[102] 郭红东,楼栋,胡卓红,等.影响农民专业合作社成长的因素分析——基于浙江省部分农民专业合作社的调查.中国农村经济,2009(8):24—31.

[103] 郭红东,钱崔红.关于合作社理论的文献综述.中国农村观察,2005(1):72—77.

[104] 郭晓鸣,廖祖君,付娆.龙头企业带动型、中介组织联动型和合作社一体化三种农业产业化模式的比较——基于制度经济学视角的分析.中国农村经济,2007(4):40—47.

[105] 国鲁来.合作社制度及专业协会实践的制度经济学分析.中国农村观察,2001(4):36—48.

[106] 韩坚,尹国俊.农业生产性服务业:提高农业生产效率的新途径.学术交流,2006(11):107—110.

[107] 韩俊.中国农民专业合作社调查.上海：上海远东出版社,2007.

[108] 何安华,孔祥智.农民专业合作社对成员服务供需对接的结构性失衡问题研究.农村经济,2011(8)：6—9.

[109] 赫伯特·A.西蒙.管理行为.北京：北京经济学院出版社,1988.

[110] 侯杰,陆强,石涌江,等.基于组织生态学的企业成长演化：有关变异和生存因素的案例研究.管理世界,2011(12)：116—130.

[111] 侯军岐.论农业产业化的组织形式与农民利益的保护.农业经济问题,2003(2)：51—54.

[112] 胡定寰,Fred Gale,Thomas Reardon.试论"超市＋农产品加工企业＋农户"新模式.农业经济问题,2006(1)：36—39.

[113] 黄慧芬.我国农业生产性服务业与现代农业发展.农业经济,2011(10)：3—5.

[114] 黄季焜,邓衡山,徐志刚.中国农民专业合作经济组织的服务功能及其影响因素.管理世界,2010(5)：75—81.

[115] 黄佩民,覃志豪,吕国英.农用工业、基础设施建设与现代农业发展.管理世界,1995(5)：184—192.

[116] 黄胜忠.转型时期农民专业合作社的组织行为研究.杭州：浙江大学,2007.

[117] 黄宗智.龙头企业还是合作组织?.中国老区建设,2010(4)：25—26.

[118] 黄祖辉,高钰玲,邓启明.农民专业合作社民主管理与外部介入的均衡——成员利益至上.福建论坛(人文社会科学版)：2012(2)：44—48.

[119] 黄祖辉,高钰玲.农民专业合作社服务功能的实现程度及其影响因素.中国农村经济,2012(7)：4—16.

[120] 黄祖辉,邵科.合作社的本质规定性及其漂移.浙江大学学报(人文社会科学版),2009(4)：11—16.

[121] 黄祖辉,邵科.基于产品特性视角的农民专业合作社组织结构与运营绩效分析.学术交流,2010(7)：91—96.

[122] 黄祖辉,王祖锁.从不完全合约看农业产业化经营的组织方式.农业经济问题,2002(3)：28—31.

[123] 黄祖辉,徐旭初,冯冠胜.农民专业合作组织发展的影响因素分析——

对浙江省农民专业合作组织发展现状的探讨.中国农村经济,2002(3)：13—21.

[124] 黄祖辉,徐旭初.大力发展农民专业合作经济组织.农业经济问题,2003(5)：41—45.

[125] 黄祖辉,徐旭初.基于能力和关系的合作治理——对浙江省农民专业合作社治理结构的解释.浙江社会科学,2006(1)：60—66.

[126] 姜广东.农业经济组织形式的选择和政府政策.财经问题研究,2009(9)：110—117.

[127] 姜长云.发展农业生产性服务业的模式、启示与政策建议——对山东省平度市发展高端特色品牌农业的调查与思考.宏观经济研究,2011(3)：14—20.

[128] 姜长云.关于构建新型农业经营体系的思考——如何实现中国农业产业链、价值链的转型升级.人民论坛·学术前沿,2014(1)：70—78.

[129] 姜长云.农业生产性服务业发展的模式、机制与政策研究.经济研究参考,2011(51)：2—25.

[130] 姜长云.我国农民专业合作组织的发展态势.经济研究参考,2005(74)：10—16.

[131] 杰克·尼尔森,杜吟棠.农民的新一代合作社.中国农村经济,2000(2)：77—79.

[132] 孔祥智.中国农业社会化服务：基于供给和需求的研究.北京：中国人民大学出版社,2009.

[133] 雷兴虎,刘观来.激励机制视野下我国农业合作社治理结构之立法完善.法学评论,2011(6)：100—108.

[134] 李飞,陈浩,曹鸿星,等.中国百货商店如何进行服务创新——基于北京当代商城的案例研究.管理世界,2010(2)：114—126.

[135] 李凤玉.扩大土地规模经营合理分配盈余红利提升农机合作社持续发展能力.中国农民合作社,2012(10).

[136] 李惠安.关于农业产业化的经营组织问题.中国乡镇企业,2001(10)：6—9.

[137] 李剑,黄蕾,杨程丽.基于 Logistic 模型下农民专业合作经济组织社员

退出意愿的影响因素分析——以江西省为例.农业技术经济,2012(7)：111—118.

[138] 李俏.农业社会化服务体系研究.杨凌：西北农林科技大学,2012.

[139] 李武.农村社会化服务组织的合作机制研究.南昌：南昌大学,2009.

[140] 李英哲.我国农村公共产品供求及制度创新研究.成都：西南财经大学,2010.

[141] 李周.中国农村发展的成就与挑战.中国农村经济,2013(8)：4—14.

[142] 梁红卫.农民专业合作社风险管理研究.杨凌：西北农林科技大学,2011.

[143] 梁鸿飞.农业生产社会化服务体系内涵功能辩析.经济科学,1991(5)：15—23.

[144] 梁巧,黄祖辉.关于合作社研究的理论和分析框架：一个综述.经济学家,2011(12)：77—85.

[145] 林坚,王宁.公平与效率：合作社组织的思想宗旨及其制度安排.农业经济问题,2002(9)：46—49.

[146] 林毅夫.企业承担社会责任的经济学分析.现代商业银行,2008(2)：16—18.

[147] 刘婧.农民专业合作社的规模经济和范围经济研究.杨凌：西北农林科技大学,2012.

[148] 刘清娟.黑龙江省种粮农户生产行为研究.哈尔滨：东北农业大学,2012.

[149] 刘婷.农民专业合作社与区域环境相互作用研究.开封：河南大学,2009.

[150] 吕东辉,李涛,吕新业.对我国农民销售合作组织的实验检验：以吉林省梨树县为例.农业经济问题,2010(12)：93—97.

[151] 马庆国.管理科学研究方法与研究生学位论文的评判参考标准.管理世界,2004(12)：99—108.

[152] 马彦丽,施轶坤.农户加入农民专业合作社的意愿、行为及其转化——基于13个合作社340个农户的实证研究.农业技术经济,2012(6)：101—108.

[153] 马彦丽.我国农民专业合作社的制度解析.杭州：浙江大学,2006.

[154] 曼瑟尔·奥尔森.集体行动的逻辑,上海：格致出版社,1995.

[155] 毛基业,李晓燕.理论在案例研究中的作用——中国企业管理案例论坛(2009)综述与范文分析.管理世界,2010(2)：106—113.

[156] 毛基业,张霞.案例研究方法的规范性及现状评估——中国企业管理案例论坛(2007)综述.管理世界,2008(4)：115—121.

[157] 倪细云.农民专业合作社发展能力研究.杨凌：西北农林科技大学,2012.

[158] 牛若峰.要全面理解和正确把握农业现代化.农业经济问题,1999(10)：13—16.

[159] 农业部农产品加工局.农业部部署加快推进农产品初加工机械化.(2014-02-21)http://www.moa.gov.cn.

[160] 欧阳仁根.试论我国合作经济法律体系的构建.中国农村观察,2000(2)：50—57.

[161] 潘劲.中国农民专业合作社：数据背后的解读.中国农村观察,2011(6)：2—11.

[162] 潘劲.妇女参与合作社治理：现状、问题与对策——"妇女在合作社治理中的作用"国际研讨会综述.中国农村经济,2008(2)：76—80.

[163] 潘劲.供销社系统专业合作社的组建与运作——以河北省武安市为例.中国农村经济,2002(6)：48—52.

[164] 潘劲.流通领域农民专业合作组织发展研究.农业经济问题,2001(11)：51—58.

[165] 潘劲.中德农村合作社发展及所面临的问题——"中德农村合作社发展"双边研讨会综述.中国农村经济,2000(4)：75—80.

[166] 潘劲.中国农村民间自助组织的发展特点与经济运行.中国农村经济,1997(3)：31—35.

[167] 潘绵臻,毛基业.再探案例研究的规范性问题——中国企业管理案例论坛(2008)综述与范文分析.管理世界,2009(2)：92—100.

[168] 平狄克,鲁宾费尔德.计量经济模型与经济预测.北京：机械工业出版社,1999.

[169] 钱忠好.节约交易费用：农业产业化经营成功的关键——对江苏如意

集团的个案研究.中国农村经济,2000(8)：62—66.

[170] 任国元,葛永元.农村合作经济组织在农产品质量安全中的作用机制分析——以浙江省嘉兴市为例.农业经济问题,2008(9)：61—64.

[171] 生秀东.订单农业的契约困境和组织形式的演进.中国农村经济,2007(12)：35—39.

[172] 舒尔茨.改造传统农业.北京：商务印书馆,1987.

[173] 斯普尔·F.丹尼尔.市场的微观结构——中间层组织与厂商理论.北京：中国人民大学出版社,2002.

[174] 四川省农业厅.全省农民专业合作社快速发展.(2011－02－13).http://125.64.4.186/t.aspx? i＝20110214143612－742546－00－000.

[175] 速水佑次郎,神门善久.农业经济论.北京：中国农业出版社,2003.

[176] 孙浩杰.农民专业合作经济组织生成与运行机制研究.杨凌：西北农林科技大学,2008.

[177] 孙亚范,王凯.农民生产服务合作社的发展和运行机制分析——基于江苏省的调查.农业经济问题,2010(11)：28—33.

[178] 孙亚范,余海鹏.农民专业合作社成员合作意愿及影响因素分析.中国农村经济,2012(6)：48—58.

[179] 唐华仓.农民专业合作社运作中的经验与问题——第四届农业政策理论与实践研讨会(河南会议)综述.农业经济问题,2008(1)：103—106.

[180] 唐宗焜.合作社的真谛.北京：知识产权出版社,2012.

[181] 唐宗焜.合作社功能和社会主义市场经济.经济研究,2007(12)：11—23.

[182] 涂琼理.农民专业合作社的政策扶持研究.武汉：华中农业大学,2013.

[183] 瓦尼·布鲁雅.Logit 与 Probit：次序模型和多类别模型.上海：格致出版社,2012.

[184] 王鹏飞,邱文辉.克山仁发合作社：引领农民趟出一条合作的现代化农业之路.齐齐哈尔日报,2012－11－29.

[185] 王鹏飞,梁辰,王子健.合作经营托起农民致富梦.齐齐哈尔日报,2014－06－09.

[186] 王洋.新型农业社会化服务体系构建研究.哈尔滨：东北农业大学,2010.

[187] 王永军.黑龙江省农民专业合作社发展过程中存在的问题.现代经济信息,2011(17)：207.

[188] 王勇.东亚农民专业合作经济组织发展：新阶段、新问题与新思路——"东亚农民专业合作经济组织发展模式的困境与出路"国际研讨会综述.中国农村经济,2011(4)：93—96.

[189] 王震江.美国新一代合作社透视.中国农村经济,2003(11)：72—78.

[190] 温锐,范博.近百年来小农户经济理论与实践探索的共识与前沿——"小农—农户与中国现代化"学术研讨简论.中国农村经济,2013(10)：91—95.

[191] 吴敬学,夏英,毛世平,等.农业产业组织发展与经济绩效研究.北京：中国农业科学技术出版社,2012.

[192] 吴霞.三大难题困扰农民专业合作社发展,西南商报,2012-02-01.

[193] 吴志雄.对农产品合作社一些问题的思考.中国农村经济,2004(11)：11—16.

[194] 夏英,牛若峰.我国农村合作经济组织改革和发展的思路.中国农村经济,1999(12)：40—43.

[195] 徐旭初,贾广东,刘继红.德国农业合作社发展及对我国的几点启示.农村经营管理,2008(5)：38—42.

[196] 徐旭初,邵科.新形势下中国农民合作经济组织的发展与变革——"中国农村改革30年：中国农民合作经济组织发展"国际研讨会综述.中国农村经济,2009(1)：92—96.

[197] 徐旭初,吴彬,高钰玲.合作社的质性与现实——一个基于理想类型的类型学研究.东岳论丛,2014(4)：86—92.

[198] 徐旭初.农民专业合作经济组织的制度分析.杭州：浙江大学,2005.

[199] 徐旭初.农民专业合作经济组织的制度分析.杭州：浙江大学出版社,2005.

[200] 徐旭初.三个概念、三个合作、三个允许.中国农民合作社,2014(1)：44.

[201] 徐旭初.中国农民专业合作经济组织的制度分析.北京：经济科学出版社,2005.

[202] 许庆瑞,吴志岩,陈力田.转型经济中企业自主创新能力演进路径及驱动因素分析——海尔集团1984—2013年的纵向案例研究.管理世界,

2013(4)：121—134.

[203] 亚当·斯密.国民财富的性质和原因的研究.北京：商务印书馆,1981.

[204] 闫芳.中国农村合作经济组织的演进逻辑研究.上海：上海交通大学,2013.

[205] 杨丹.农民合作经济组织对农业分工和专业发展的促进作用研究.重庆：西南大学,2011.

[206] 杨明洪.农业产业化经营组织形式演进：一种基于内生交易费用的理论解释.中国农村经济,2002(10)：11—15.

[207] 益智.美国的扶农政策与农业生产率——基于二战后美国农业发展的实证研究.中国农村经济,2004(9)：75—79.

[208] 应瑞瑶.农民专业合作社的成长路径——以江苏省泰兴市七贤家禽产销合作社为例.中国农村经济,2006(6)：18—23.

[209] 应瑞瑶,何军.如何确立中国农业合作社的基本原则.经济研究参考,2002(79)：32—33.

[210] 应若平.我国农民专业合作组织的生发机制.武汉：华中科技大学,2005.

[211] 袁久和.农民专业合作社中的委托代理关系与治理机制研究.武汉：华中农业大学,2013.

[212] 苑鹏.试论合作社的本质属性及中国农民专业合作经济组织发展的基本条件.农村经营管理,2006(8)：16—21.

[213] 苑鹏.中国农村市场化进程中的农民合作组织研究.中国社会科学,2001(6)：63—73.

[214] 张广胜,周娟,周密.农民对专业合作社需求的影响因素分析——基于沈阳市 200 个村的调查.农业经济问题,2007(11)：68—73.

[215] 张晋华,冯开文,黄英伟.农民专业合作社对农户增收绩效的实证研究.中国农村经济,2012(9)：4—12.

[216] 张霞,毛基业.国内企业管理案例研究的进展回顾与改进步骤——中国企业管理案例与理论构建研究论坛(2011)综述.管理世界,2012(2)：105—111.

[217] 张晓山.创新农业基本经营制度 发展现代农业.农业经济问题,2006(8)：4—9.

[218] 张晓山.促进以农产品生产专业户为主体的合作社的发展——以浙江省农民专业合作社的发展为例.中国农村经济,2004(11):4—10.

[219] 张晓山.合作社的基本原则与中国农村的实践.农村合作经济经营管理,1999(6):5—7.

[220] 张晓山.农民专业合作社的发展趋势探析.管理世界,2009(5):89—96.

[221] 张忠根,农业经济学.杭州:浙江大学出版社,2010.

[222] 赵慧峰,李彤.国外农业产业化经营组织模式分析.农业经济问题,2002(2):60—63.

[223] 赵继新.中国农民合作经济组织发展研究.北京:中国农业大学,2004.

[224] 赵佳荣.农户对专业合作社的需求及其影响因素比较——基于湖南省两类地区农户的实证分析.中国农村经济,2008(11):18—26.

[225] 赵经平.农民专业合作社蓬勃发展,农民日报,2011-12-13.

[226] 赵鲲,门炜.关于合作社基本特征的分析和思考——从合作社与有限责任公司对比的角度.中国农村观察,2006(3):23—31.

[227] 浙江省农业厅办公室.浙江省农业厅办公室关于公布省级示范性农民专业合作社名单的通知.(2010-12-27).http://www.caein.com/index.asp?xAction=xReadNews&NewsID=60630.

[228] 郑丹.农民专业合作社盈余分配状况探究.中国农村经济,2011(4):74—80.

[229] 中共黑龙江省委党史研究室课题组.学习邓小平视察讲话精神 振兴东北老工业基地//全国邓小平生平和思想研讨会组织委员会.邓小平百周年纪念——全国邓小平生平和思想研讨会论文集(下).北京:中央文献出版社,2004:1928-1933.

[230] 周洁红,李凯.农产品可追溯体系建设中农户生产档案记录行为的实证分析.中国农村经济,2013(5):58—67.

[231] 周立群,曹利群.农村经济组织形态的演变与创新——山东省莱阳市农业产业化调查报告.经济研究,2001(1):69—75.

[232] 庄丽娟,贺梅英,张杰.农业生产性服务需求意愿及影响因素分析——以广东省450户荔枝生产者的调查为例.中国农村经济,2011(3):70—78.

附　录

附录1　近十年中央文件关于发展合作社及其服务功能的指导意见

时间	文件名称	内容摘要
2004	中央一号文件	强调要积极发挥农民专业合作组织在农业科技推广中的作用；鼓励发展各类农产品专业合作组织并推进有关立法工作；提出支持农民专业合作组织开展信息、技术、培训、质量标准与认证、市场营销等服务的具体金融、财政措施
2005	中央一号文件	支持农民专业合作组织发展，对专业合作组织及其所办加工、流通实体适当减免有关税费
2005	"十一五"规划	提出要全面深化农村改革，鼓励和引导农民发展各类专业合作经济组织，提高农民的组织化程度
2006	中央一号文件	提出加快农民专业合作经济组织立法、信贷、财税、登记等制度建设的要求，并鼓励推广龙头企业、合作组织与农户有机结合的组织形式，让农民从产业化经营中得到更多的实惠。同时鼓励农村发展各种新型的社会化服务组织
2007	中央一号文件	提出制定推动农民专业合作社发展的实施细则的要求，特别强调采取有利的税收和金融政策着力支持农民专业合作组织开展市场营销、信息服务、技术培训、农产品加工储藏和农资采购等生产经营服务
2008	中央一号文件	提出落实农民专业合作社法、出台扶持农民专业合作社的配套法规政策，制定对其税收优惠办法等要求；要求财政继续加大对农民专业合作社作的扶持和涉农项目承担。特别强调要扶持农民专业合作社实行标准化生产，并鼓励农民专业合作社兴办农产品加工企业
2008	十七届三中全会《决定》	提出发展农户联合与合作，形成多元化、多层次、多形式经营服务体系的统一经营层次的要求；要求发展农民新型合作组织等各种农业社会化服务组织；提出扶持农民专业合作社发展使之成为引领农民参与国内外市场竞争的现代农业经营组织

时间	文件名称	内容摘要
2009	中央一号文件	继续对扶持农民专业合作社发展的财政、税收、金融等支持政策提出要求,并具体要求:(1)推动农民专业合作社等率先实行标准化生产;(2)加快发展农民专业合作社,加强合作社人员培训,开展示范社建设行动;(3)鼓励农民专业合作社发展农资连锁经营和农产品加工
2010	中央一号文件	进一步强调要大力发展农民专业合作社,对服务能力强、民主管理好的合作社给予补助,并扶持农民专业合作社自办农产品加工企业。同时要求推动农村经营服务体系转变,积极发展农业农村各种社会化服务组织,为农民提供便捷高效、质优价廉的各种专业服务
2010	"十二五"规划	通过发展农业产业化和新型农村合作组织,使农民合理分享农产品加工、流通增值收益,并鼓励培育多元化的农业社会化服务组织,支持农民专业合作组织等提供多种形式的生产经营服务
2012	中央一号文件	扶持农民专业合作社参与农业产前、产中、产后服务:(1)鼓励种子企业与农民专业合作社联合建立相对集中稳定的种子生产基地;(2)充分发挥农民专业合作社组织农民进入市场、应用先进技术、发展现代农业的积极作用,加大支持力度,加强辅导服务;(3)支持农民专业合作社兴办农产品加工企业或参股龙头企业,对其建设初加工和储藏设施予以补助;(4)支持农民专业合作社在城市社区增加直供直销网点和发展联通城乡市场的双向流通网络,形成稳定的农产品供求关系
2013	中央一号文件	继续对扶持农民专业合作社发展的财政、税收、金融、设施场地等支持政策提出要求,并着重提出:(1)把示范社作为政策扶持重点,对示范社建设仓储物流设施、兴办农产品加工业给予补助;(2)建立合作社带头人人才库和培训基地,广泛开展合作社带头人、经营管理人员和辅导员培训,引导高校毕业生到合作社工作;(3)支持农民合作社等为农业生产经营提供低成本、便利化、全方位的服务。最后,强调需抓紧研究修订《农民专业合作社法》
2013	十八届三中全会《决定》	鼓励农村发展合作经济,扶持发展规模化、专业化、现代化经营,允许财政项目资金直接投向符合条件的合作社,允许财政补助形成的资产转交合作社持有和管护;推进家庭经营、合作经营等共同发展的农业经营方式创新
2014	中央一号文件	再次强调允许财政项目资金直接投向符合条件的合作社,允许财政补助形成的资产转交合作社持有和管护;同时强调要着力加强农民专业合作社的规范运行与能力建设,支持其发展农产品加工流通

附录2　调查问卷(社长问卷)

农民专业合作社调查问卷

（A卷—社长卷）

尊敬的社长：

您好！这是一份探讨中国农民专业合作社的发展现状、治理结构与运营绩效的调查问卷。本次调查的主要目的是通过对中国不同地区、不同类型农民专业合作社发展状况、治理结构与运营绩效的调查，为政府部门及时提供指导和促进农民专业合作社发展的相关法律与政策建议，推动我国农民专业合作社的持续健康快速发展。

本问卷中的问题答案无对错之分，对您填答的所有资料，仅供学术研究使用，绝不外流。问卷中的各问项，除另有说明是多选外，都是单选。请您按您的实际情况或想法，在合适的选项处打"√"，或者在＿＿＿＿中填上适当的内容。非常感谢您的支持与合作！

×××××××

2011 年 7 月

采访时间：

＿＿＿＿ 年 ＿＿＿＿ 月＿＿＿＿ 日□上午/□下午

采访地点：

＿＿＿＿＿ 省 ＿＿＿＿ 市＿＿＿＿□县/□县级市/□区

＿＿＿＿＿□乡/□镇/□街道 ＿＿＿＿ 行政村＿＿＿＿□自然村/□屯/□堡

合作社联系方式：

社长姓名：＿＿＿＿＿＿＿＿＿＿＿

电话：＿＿＿＿＿＿＿＿＿＿＿＿＿

手机：＿＿＿＿＿＿＿＿＿＿＿（电话和手机可任填一项）

电子邮箱：＿＿＿＿＿＿＿＿＿＿＿

合作社独立网站：① 无；② 有,http：//_____

首先,我们想了解一下合作社的一些基本情况

一、合作社基本情况

1.1 合作社全称：_____

1.2 组建(即召开成立大会)年月：_____；工商注册登记年月：_____；

　　最近变更注册年月：_____

1.3 最初出资额：_____万元；最新出资额：_____万元

1.4 最初成员数：_____人；最新成员数：_____人

1.5 合作社成员主要来自：

　　1) 本村；2) 跨村,本乡镇/街道内；3) 跨乡镇/街道,本县市/区内；4) 跨县市/区,本地市内；5) 跨地市,本省内；6) 跨省

1.6 主营农产品(请注明,限填1个)：_____；生产比重(％)：_____

1.7 主要经营、服务内容(单选)：

　　1) 以运销服务为主；2) 以农资购买服务为主；3) 以加工服务为主；4) 以仓储服务为主；5) 以技术、信息服务为主；6) 以农机服务为主；7) 以共同生产为主；8) 产加销一体化服务；9) 其他(请注明：_____)

1.8 是否接受过财政扶持资金：_____

　　1) 有；2) 无

　　若有,其中：国家级(农业部、财政部)_____万元；省级_____万元；

　　市县级_____万元

1.9 合作社是否由专业协会转变而来？

　　1) 是,合作社前身是协会；2) 是,但协会仍然存在；3) 否；4) 其他(请注明：_____)

我们还想了解一下咱们村的基本情况

【合作社不是设立在农村的跳过本题】

二、村庄基本情况(指行政村)

2.1 村庄地形特征：1) 高原；2) 山区；3) 丘陵；4) 平原；5) 盆地

2.2 粮食作物熟制：1）一年一熟；2）两年三熟；3）一年两熟；4）一年三熟

2.3 本村离县/市/区中心有_____公里；离乡镇/街道政府驻地有_____公里

2.4 农民分化程度（村民的兼业情况）：1）基本同质；2）相对异质；3）鲜明异质

2.5 村庄开放程度（即市场化程度）：1）比较封闭；2）半开放；3）非常开放

2.6 本村在本乡镇/街道的经济发展水平：1）最好；2）中等偏上；3）中等；4）中等偏下；5）最差

2.7 本村内是否建有初级交易市场：1）有；2）没有
→ 如果没有，则离最近的初级交易市场大约有_____公里

2.8 本村拥有的合作社个数：_____；本合作社是第_____个成立的合作社

2.9 村里成立第一个合作社时，大部分村民对合作社的态度是：
1）比较了解并支持合作社发展；2）保持中立；3）不了解并反对发展合作社

2.10 本村是否有自发的、义务的民间互助组织（如水龙会/救火会）？
1）有；2）以前有，现在没了；3）没有；4）不清楚

对您个人的基本情况，我们也想先重点了解一下

三、社长基本情况

3.1 性别：1）男；2）女；年龄：_____周岁；是否中共党员：1）是；2）否

3.2 文化程度：1）未接受正式教育；2）小学；3）初中；4）高中；5）大学及以上

3.3 个人出资额：_____万元；出资比例：_____%

3.4 除了务农，您是否还有其他的工作经历？1）有，如下所示；2）没有
① 农民工：共_____年，在□本乡/□本县/□本省/□外省
② 个体户（含农村经纪人）：总共_____年，在□本乡/□本县/□本省/□外省
③ 私营企业主：共_____年，在□本乡/□本县/□本省/□外省
④ 集体企业管理人员：共_____年，在□本乡/□本县/□本省/□外省

⑤ 乡镇政府工作人员（含七站八所）：共＿＿＿＿＿年，在□本乡/□本县/□本省/□外省

⑥ 村干部：共＿＿＿＿＿年，在□本乡/□本县/□本省/□外省

⑦ 其他社会团体负责人：共＿＿＿＿＿年，在□本乡/□本县/□本省/□外省

⑧ 其他（请注明：＿＿＿＿＿）：共＿＿＿＿＿年，在□本乡/□本县/□本省/□外省

3.5 您是否有从合作社领取过工资或误工补贴？1）有，2010年领取＿＿＿＿＿元；2）没有

接下来，我们想了解一下合作社的运行模式

四、合作社的运行模式及状态（凡未指明年份的，均填写 2010 年数据）

4.1 您认为本合作社的总体运行模式属于以下哪一种：

1）合作社＋农户；2）合作社＋基地＋农户；3）（公司/加工企业＋合作社）＋农户；4）公司/加工企业＋（合作社＋农户）；5）（公司/加工企业＋合作社＋基地）＋农户；6）公司/加工企业＋（合作社＋基地＋农户）；7）协会＋合作社＋农户；8）合作社＋农家乐；9）农户直接售卖，与合作社无关；10）其他（请注明：＿＿＿＿＿）

4.2 占合作社股份5%以上的有＿＿＿＿＿个人，这几人的总出资额：＿＿＿＿＿万元或总比例：＿＿＿＿＿%

4.3 合作社中生产者成员（即除去那些只单纯入股，并不从事实际生产活动的成员）的股份比例：＿＿＿＿＿%

4.4 是否发行过只有分红权、没有投票权的优先股？1）有，占总股本＿＿＿＿＿%；2）没有

4.5 成员股份是否可交易？1）是，可向非成员交易；2）是，只限成员间交易；3）不可交易

4.6 理事会成员数：＿＿＿＿＿人；出资总额：＿＿＿＿＿万元或出资比例：＿＿＿＿＿%；2010年召开理事会会议：＿＿＿＿＿次，平均每年召开：＿＿＿＿＿次

4.7 监事会成员数：＿＿＿＿＿人；出资总额：＿＿＿＿＿万元或出资比例：＿＿＿＿＿%；2010年召开监事会会议：＿＿＿＿＿次，平均每年召开：＿＿＿＿＿次

4.8 理事会和监事会的表决方式：

　　1）一人一票；2）一股一票；3）按生产经营规模比例入股，并按股投票；

　　4）有些事一人一票，有些事按股投票；5）按交易额与股金额结合实行一

　　人多票；6）其他（请注明：_____）

4.9 是否设立经理或秘书长职务：1）是；2）否

4.10 2010 年召开成员大会_____次，平均每年召开_____次

4.11 成员大会的表决方式：

　　1）一人一票；2）一股一票；3）按生产经营规模比例入股，并按股投票；

　　4）有些事一人一票，有些事按股投票；5）按交易额与股金额结合实行一

　　人多票；6）一人一票结合附加表决权（附加表决权不超过_____%）；

　　7）其他（请注明：_____）

4.12 是否设有成员代表大会：1）是；2）否；

　　→成员代表的产生方式：

　　① 全体成员直接选举；② 按片区或者业务类型选举；③ 理事会任命；

　　④ 其他（请注明：_____）

　　→成员代表大会的表决方式：

　　① 一人一票；② 一股一票；③ 按生产经营规模比例入股，并按股投票；

　　④ 有些事一人一票，有些事按股投票；⑤ 按交易额与股金额结合实行一

　　人多票；⑥ 其他（请注明：_____）

4.13 合作社有单位会员（股东）吗？1）有，共_____个；2）没有；

　　→单位 1 名称：_____；

　　单位组织性质：① 企业；② 事业单位；③ 民营科技组织；④ 其他（请

　　注明_____）

　　是否发起人：① 是；② 否；

　　出资额_____万元；出资比例_____%

　　其负责人在合作社中的职务：① 理事；② 监事；③ 其他（请注明_____）

　　与合作社的关系：① 业务伙伴；② 资金融通；③ 技术支持；④ 设备供

　　给；⑤ 其他（请注明_____）

　　→单位 2 名称：_____；

单位组织性质：① 企业；② 事业单位；③ 民营科技组织；④ 其他(请注明_____)

是否发起人：① 是；② 否；

出资额_____万元；出资比例_____%

其负责人在合作社中的职务：① 理事；② 监事；③ 其他(请注明_____)

与合作社的关系：① 业务伙伴；② 资金融通；③ 技术支持；④ 设备供给；⑤ 其他(请注明_____)

→单位 3 名称：_____；

单位组织性质：① 企业；② 事业单位；③ 民营科技组织；④ 其他(请注明_____)

是否发起人：① 是；② 否；

出资额_____万元；出资比例_____%

其负责人在合作社中的职务：① 理事；② 监事；③ 其他(请注明_____)

与合作社的关系：① 业务伙伴；② 资金融通；③ 技术支持；④ 设备供给；⑤ 其他(请注明_____)

再接下来,是关于合作社的生产经营情况

五、合作社的生产经营情况(凡未指明年份的,均填写 2010 年数据)

5.1 合作社为主营产品统一提供生产经营服务的环节有(可多选)：

1)种苗供应环节；2)农资采购环节；3)教育培训环节；4)产品分级、包装等粗加工环节；5)产品精加工环节；6)产品销售环节；7)其他环节(请注明：_____)

▸根据本答题情况,后续问题针对性跳答。

5.2 种苗供应情况：1)为成员统一供应种苗的比重：_____%；

2)价格是否有优惠：① 是,比市价平均便宜_____%；② 否

5.3 农资采购情况：1)为成员统一采购农资的比重：_____%；

2)价格是否有优惠：① 是,比市价平均便宜_____%；② 否

5.4 教育培训情况：1)2010 年培训次数_____次；场均参加成员数_____人

2）培训内容（可多选）：① 相关生产技术；② 经营管理知识；③ 法律法规和政策；④ 合作社知识；⑤ 其他（请注明：_____）

3）非成员能否参加培训：① 都能参加；② 不准参加；③ 看具体培训内容来决定

5.5 产品加工情况：是否购有用于整理、分级、粗加工、精加工、包装、冷藏、运输等专用设备？

1）有，共_____台（套），现值前五名如下所示；2）没有；3）其他（请注明：_____）

→设备 1 名称：_____，现值：_____万元

→设备 2 名称：_____，现值：_____万元

→设备 3 名称：_____，现值：_____万元

→设备 4 名称：_____，现值：_____万元

→设备 5 名称：_____，现值：_____万元

5.6 产品营销情况：

1）为成员统一销售主营产品的比重：_____%；

2）主要营销方式：① 生产后直接出售，比重_____%；

② 粗加工（如保鲜、包装）后出售，比重_____%；

③ 精加工（设加工部门或自办加工厂）后出售，比重_____%

3）主要营销渠道：① 农贸市场，比重_____%；

② 批发市场，比重_____%（是否有固定摊位：A. 有；B. 没有）；

③ 龙头企业，比重_____%；④ 对接超市，比重_____%；

⑤ 设专卖店，比重_____%；⑥ 直供客户（如酒店），比重_____%；

⑦ 出口国外，比重_____%；⑧ 网上销售，比重_____%；

⑨ 客商上门，比重_____%；⑩ 其他（请注明：_____）

4）营销渠道是否稳定：① 比较稳定；② 经常变动；③ 正在扩展新渠道

5）最远营销范围：① 本市；② 省内其他地市；③ 国内其他省市；④ 国外

5.7 合作社与成员之间的购销方式：

1）签订购销合同，并以合同规定价收购，规定价格比市价高_____%；

2）不签订合同，以稳定价收购；3）不签订合同，根据产品质量分级支付不

同价格;4) 价格波动随行就市,但比市价略高一点;5) 其他(请注明:_____)

5.8 是否设专职销售人员:1) 是,共_____人;2) 否

5.9 在当地(乡镇/街道)是否有生产销售同类农产品的合作社:1) 有,_____个;2) 没有

→竞争情况:① 不构成竞争,互不影响;② 不构成竞争,甚至互相帮助;

③ 一般竞争关系,互相影响不大;④ 竞争很激烈,互相影响较大

5.10 是否有核心示范基地(合作社进行统一规划建设或流转、连片经营):

1) 有(请注明规模)_____;2) 没有;3) 其他(请注明:_____)

5.11 成员是否进行标准化生产:1) 是,比重:_____%;2) 否

5.12 是否有注册商标:1) 有,共_____个;2) 没有;3) 正在申请中

5.13 产品认证情况(可多选):1) 无公害;2) 绿色食品;3) 有机食品;4) 森林产品;5) 国家地理标志产品;6) 其他(请注明:_____)

还有就是,关于合作社的运营绩效与收益分配情况

六、合作社的运营绩效与收益分配情况(凡未指明年份的,均填写 2010 年数据)

6.1 合作社的运营绩效:

1) 合作社成立第一年(年底成立则填写次年情况):

→年经营收入_____万元,年纯盈余_____万元;

其中与非成员交易的营业额_____万元;

→股东权益(即净资产)_____万元;固定资产_____万元;

→成员人均年纯收入_____万元;带动当地非成员农户数_____户

2) 2010 年:

→年经营收入_____万元,年纯盈余_____万元;

其中与非成员交易的营业额_____万元;

→股东权益(即净资产)_____万元;固定资产_____万元;

→成员人均年纯收入_____万元;带动当地非成员农户数_____户

6.2 合作社盈余或利润的主要分配方式:

1) 按交易额(或量)分配;2) 按股分红;3) 平均分配给成员;

4) 按交易额与按股分配相结合,以按交易额(或量)分配为主;

5）按交易额与按股分配相结合，以按股分配为主；6）其他（请注明：_____
____）

→若涉及按交易额（或量）返还，则按交易额（或量）返还的比例：_____%

6.3 是否提取公积金：1）是，比例：_____%；2）否

6.4 是否提取公益金：1）是，比例：_____%；2）否

6.5 是否提取风险金：1）是，比例：_____%；2）否

6.6 与本省其他同类型的优秀合作社相比，请您对本合作社近年的发展情况做简要评分：

合作社发展情况	发展情况评价		
	1 最低	4 一般	7 最高
为成员服务方面	［1］［2］［3］［4］［5］［6］［7］		
成员的凝聚力方面	［1］［2］［3］［4］［5］［6］［7］		
产品的市场知名度方面	［1］［2］［3］［4］［5］［6］［7］		
提高成员收入方面	［1］［2］［3］［4］［5］［6］［7］		
合作社自身盈利能力方面	［1］［2］［3］［4］［5］［6］［7］		
带动当地产业发展方面	［1］［2］［3］［4］［5］［6］［7］		
在当地的社会影响力方面	［1］［2］［3］［4］［5］［6］［7］		
总体评价	［1］［2］［3］［4］［5］［6］［7］		

最后，还有几个与合作社发展相关的重要问题想请您再展开谈谈

七、其他重要问题

7.1 发起成立合作社的最主要原因是什么？

_____

_____

_____

7.2 在一开始成立合作社时遇到的最大困难是什么？

_____

_____

_____

7.3 合作社的主要收入或资金来源是什么？是否有在合作社内部开展信用合作或成立资金互助部门？

_____

_____

_____

7.4 在当前合作社发展过程中存在的最突出问题是什么？准备如何解决？

_____

_____

_____

7.5 合作社发展的远景目标是什么？

_____

_____

_____

7.6 您在创办合作社过程中有什么深刻的体会与感悟？

_____

_____

_____

提示：问卷结束，请社长协助提供合作社最新的总结材料和合作社章程，最好是电子版。我们保证，相关资料只用于学术研究，绝不外流！

正式访问结束，填写后面的访问记录，记录完整封面，并感谢被访者！

【访问记录】(由访问员填写)

1. 在正式访问的时候,这份问卷是:

    1) 被访者自填为主,访问员协助;2) 访问员访填;

    3) 通过第三者翻译访填;4) 其他(请注明:_____)

2. 在访问过程中,被访者有没有表达过拒绝受访的意思?

    1) 开始时有意要拒绝;2) 访问进行中曾表达拒绝的意思;

    3) 访问到最后有拒绝的意思;4) 从头到尾数次表达拒绝访问的意思;

    5) 都没有表达拒绝

3. 在访问过程中,被访者是否表示过不耐烦?

    1) 从未表示不耐烦;2) 偶尔表示不耐烦;

    3) 有时不耐烦;4) 一直不耐烦

4. 在访问过程中,被访者对访问员的信任程度如何?

    1) 很低;2) 低;3) 高;4) 很高

5. 在访问过程中,被访者是否有意应付?

    1) 大多数时间都在应付;2) 有些时候在应付;

    3) 不像是在应付;4) 完全没有应付的意思

6. 被访者合作程度如何?

    1) 很合作;2) 合作;3) 不合作;4) 很不合作

7. 这份问卷访问所得信息的可靠程度如何?

    1) 很可靠;2) 可靠;3) 不可靠;4) 很不可靠

8. 访问时所用的语言是:

    1) 普通话;2) 当地方言;3) 其他(请注明:_____)

9. 访问时是否单独作业?

    1) 是;2) 否,同另一同性访问员;

    3) 否,同另一异性访问员;4) 否,督导陪访;

    5) 否,其他情形(请注明:_____)

访问员保证:我保证本问卷所填各项资料,皆依作业程序规定完成,绝对真实无欺。若发现一份作假,则本人经手的全部问卷作废,并赔偿课题组损失。

访问员签名:_____

附录3　调查问卷(成员问卷)

农民专业合作社调查问卷

(B卷—社员卷)

尊敬的社员:

您好! 这是一份探讨中国农民专业合作社的发展现状、治理结构与运营绩效的调查问卷。本次调查的主要目的是通过对中国不同地区、不同类型农民专业合作社发展状况、治理结构与运营绩效的调查,为政府部门及时提供指导和促进农民专业合作社发展的相关法律与政策建议,推动我国农民专业合作社的持续健康快速发展。

本问卷中的问题答案无对错之分,对您填答的所有资料,仅供学术研究使用,绝不外流。问卷中的各问项,除另有说明是多选外,都是单选。请您按您的实际情况或想法,在合适的选项处打"√",或者在____ 中填上适当的内容。非常感谢您的支持与合作!

××××××

2011 年 7 月

采访时间:

_____年_____月_____日□上午/□下午

采访地点:

_____省_____市_____□县/□县级市/□区

_____□乡/□镇/□街道_____行政村_____□自然村/□屯/□堡

合作社名称:_____

首先,我们想了解一下您个人的一些基本情况,希望您不要介意

一、社员基本情况

1.1 姓名:_____;性别:1) 男,2) 女;年龄:_____周岁

1.2 文化程度:1) 没有接受过正式教育;2) 小学;3) 初中;4) 高中;5) 大学及

187

以上

1.3 是否掌握独特技能、专长（如木工、泥瓦活）：1) 有,具体是_____;
2) 无

1.4 除了务农,您是否还有其他的工作经历? 1) 有,如下所示;2) 没有

　① 农民工：共_____年,在□本乡/□本县/□本省/□外省

　② 个体户(含农村经纪人)：总共_____年,在□本乡/□本县/□本省/
　□外省

　③ 私营企业主：共_____年,在□本乡/□本县/□本省/□外省

　④ 集体企业管理人员：共_____年,在□本乡/□本县/□本省/
　□外省

　⑤ 乡镇政府工作人员(含七站八所等派出机构)：共_____年,在□本
　乡/□本县/□本省/□外省

　⑥ 村干部(特指村支书和村长)：共_____年,在□本乡/□本县/□本
　省/□外省

　⑦ 其他社会团体负责人：共_____年,在□本乡/□本县/□本省/□
　外省

　⑧ 其他(请注明：_____)：共_____年,在□本乡/□本县/□本省/
　□外省

1.5 入社前一年家庭年收入：_____万元,其中非农收入：_____万元
2010 年家庭年收入：_____万元,其中非农收入：_____万元
→家庭支出情况：每月家庭基本生活费开支约：_____元,其中电费开
支_____元、户主手机话费开支：_____元;家庭全年总的教育支出
约_____元

→根据 2010 年的收支情况,您家的生活水平在本地(本村及邻近村子)大
体属于哪个层次：① 富裕户;② 中等偏上;③ 中等;④ 中等偏下;⑤ 困
难户

1.6 家庭农业设施设备(如拖拉机、插秧机、收割机、选果机、粮食烘干机、运输
车、大棚等)拥有数_____件/套;折合现值共_____元

接下来,我们想了解一下您在参加合作社方面的一些基本情况

二、社员参社基本情况

2.1 您加入合作社的时间:＿＿＿＿＿年,属于第＿＿＿＿＿批入社成员

2.2 您在合作社中的身份是:

　　1) 管理人员:① 副社长;② 理事;③ 监事长;④ 副监事长;⑤ 监事

　　2) 行政人员:① 财会人员;② 办公室其他人员

　　3) 加工人员;4) 销售人员;5) 普通社员;6) 其他(请注明:＿＿＿＿＿)

2.3 您是否入股:1) 是,股份:＿＿＿＿＿元;股份比例:＿＿＿＿＿%;2) 否

2.4 您当初参加合作社的最主要原因是? 或依次选择＿＿＿＿＿＿＿

　　1) 获得较高的产品价格;2) 获得稳定的销路;3) 降低农资采购成本;

　　4) 获得合同保障;5) 获得技术指导;6) 提高产品质量;

　　7) 分享生产信息;8) 希望得到归属感;9) 分享合作社的设施设备;10) 经

　　人介绍或受人影响;11) 获得政府项目资助;12) 是当地政府要我加入的;

　　13) 其他(请注明:＿＿＿＿＿)

　　→加入合作社后,您从合作社得到了以上哪些好处(可多选):＿＿＿＿＿

　　→其中获得的最大好处是哪个:＿＿＿＿＿

　　→合作社是否满足了您一开始入社时设想的目标?

　　1) 完全满足;2) 大部分满足;3) 满足了一小部分;4) 未满足

2.5 您现在最希望合作社提供什么服务?

　　1) 种苗供应服务;2) 农资供应服务;3) 标准化管理服务;4) 产品销售服

　　务;5) 加工服务

2.6 您参加过的合作社主要活动有哪些?

　　1) 成员大会,每年＿＿＿＿＿次;2) 成员代表大会,每年＿＿＿＿＿次;

　　3) 理事会,每年＿＿＿＿＿次;4) 监事会,每年＿＿＿＿＿次;

　　5) 培训会＿＿＿＿＿次;6) 其他交流活动＿＿＿＿＿次,具体是＿＿＿＿＿

　　→培训会的主要内容是:① 有关技术;② 经营管理知识;③ 法律法规和

　　政策;④ 合作社知识;⑤ 其他(请注明:＿＿＿＿＿)

2.7 2010 年年底返利情况:1) 按股份返利金额＿＿＿＿＿元;2) 按交易量返还

　　金额＿＿＿＿＿元

2.8 对合作社相关活动有意见时,针对以下三种表达方式,您会选择哪一种或依次选择_____

1) 通过与合作社领导私下沟通交流来表达我的想法;

2) 我是社员,我会通过在成员大会或代表大会上投票来表达意见;

3) 选择退社(的权利);4) 其他(请注明:_____)

再接下来,我们还想了解一下您在生产销售方面的相关情况

三、社员生产销售情况

3.1 生产销售情况详表(此处省略)

3.2 您购买农资(种子、化肥、农药、农膜、农机具等)的渠道和比例:

1) 由合作社统一购买(占_____%):

→合作社是否自己建有农资部门或门市部: ① 有;② 没有

→通过合作社购买的农资价格与其他渠道相比: ① 高(高_____%);

② 相等;③ 低(低_____%)

2) 供销社农资店(占__ %);3) 农业部门农资店(占_____%);4) 其他类型农资店(占_____%)

3.3 通过合作社出售农产品的价格与其他渠道相比:1) 高(高_____%);

2) 相等;3) 低(低_____%)

3.4 主要销售对象与比例:

1) 自己所参加的合作社,_____%;

→其中:合作社直接一次性买断_____%;合作社帮助自己卖产品_____%;

→合作社帮自己卖的部分,合作社如何与社员结算:

① 合作社完全免费卖,售款全部给社员;② 合作社收取手续费,其他钱全部给社员;③ 合作社到一定时期才返款,并且按照交易额返还

2) 超市,_____%;3) 龙头企业,_____%;4) 中间商贩,_____%;

5) 其他合作社,_____%;6) 批发市场,_____%;7) 农贸市场,_____%;8) 直供客户(如饭店),_____%;9) 其他(请注明:_____),_____%

3.5 您对风险的偏好如何:1) 风险规避者;2) 风险中立者;3) 风险喜好者

3.6 您当前所生产的主要农产品是否采用了新品种或新技术：1）是；2）否

  →若采用，则属于：① 率先采用；② 等别人用了见效后再采用

  →若采用，则如何获得新品种或新技术：① 自行购买获得；② 合作社提供

3.7 您认为自己所生产的主要农产品的风险如何？

  1）完全没有风险；2）有较小风险；3）有适当风险；4）有较大风险；5）风险非常大

  →若存在风险，主要是：① 自然风险；② 市场风险；③ 两个同等严重

3.8 您是否听说过农业保险：1）是；2）否

  →当地是否提供农业保险：① 是；② 否；③ 不清楚

  →若听说过，你是否参加了农业保险：① 是；② 否

3.9 您认为自己所生产的主要农产品的售价与去年同期相比如何？

  1）大幅上涨；2）小幅上涨；3）基本持平；4）小幅下跌；5）大幅下跌

最后，我们想了解一下您对合作社的进一步了解的相关情况

四、社员对合作社进一步了解的情况

4.1 您认为合作社与企业是否有区别：1）区别很大；2）区别不大；3）完全一样

4.2 如果以 10 分制评分，您会给社长评多少分：_____分

4.3 您知道合作社去年盈利多少吗：1）很清楚；2）不是很清楚；3）完全不知道

4.4 您知道合作社今年的主要发展目标吗：1）很清楚；2）不是很清楚；3）完全不知道

4.5 您对合作社其他财务状况了解吗：1）很清楚；2）不是很清楚；3）完全不知道

4.6 合作社的股份是否可转让：1）可以；2）不可以；3）不知道

  →如果可以，您想如何处理股份：① 买入，买入_____股；② 卖出，卖出_____股

4.7 您是否担心随着新社员入社，您在合作社的利益会被新社员摊薄（例如行情不好时，由于新社员的加入使提供合作社销售的农产品数量增加，使得

售价压低）：

　　1）不担心；2）有点担心；3）非常担心

4.8 与本省其他同类型的合作社相比，请您对本合作社近两年来的发展情况
　　作简要评价：

合作社发展情况	发展情况评价		
	1 最低	4 一般	7 最高
为社员服务方面	［1］［2］［3］［4］［5］［6］［7］		
社员的凝聚力方面	［1］［2］［3］［4］［5］［6］［7］		
产品的市场知名度方面	［1］［2］［3］［4］［5］［6］［7］		
提高社员收入方面	［1］［2］［3］［4］［5］［6］［7］		
合作社自身盈利能力方面	［1］［2］［3］［4］［5］［6］［7］		
带动当地产业发展方面	［1］［2］［3］［4］［5］［6］［7］		
在当地的社会影响力方面	［1］［2］［3］［4］［5］［6］［7］		
总体评价	［1］［2］［3］［4］［5］［6］［7］		

访问结束，填写后面的访问记录，记录完整封面，并感谢被访者！

【访问记录】(由访问员填写)

1. 在正式访问的时候,这份问卷是:

    1) 被访者自填为主,访问员协助;2) 访问员访填;

    3) 通过第三者翻译访填;4) 其他(请注明:＿＿＿＿＿＿＿＿)

2. 在访问过程中,被访者有没有表达过拒绝受访的意思?

    1) 开始时有意要拒绝;2) 访问进行中曾表达拒绝的意思;

    3) 访问到最后有拒绝的意思;4) 从头到尾数次表达拒绝访问的意思;

    5) 都没有表达拒绝

3. 在访问过程中,被访者是否表示过不耐烦?

    1) 从未表示不耐烦;2) 偶尔表示不耐烦;

    3) 有时不耐烦;4) 一直不耐烦

4. 在访问过程中,被访者对访问员的信任程度如何?

    1) 很低;2) 低;3) 高;4) 很高

5. 在访问过程中,被访者是否有意应付?

    1) 大多数时间都在应付;2) 有些时候在应付;

    3) 不像是在应付;4) 完全没有应付的意思

6. 被访者合作程度如何?

    1) 很合作;2) 合作;3) 不合作;4) 很不合作

7. 这份问卷访问所得信息的可靠程度如何?

    1) 很可靠;2) 可靠;3) 不可靠;4) 很不可靠

8. 访问时所用的语言是:

    1) 普通话;2) 当地方言;3) 其他(请注明:＿＿＿＿＿＿＿)

9. 访问时是否单独作业?

    1) 是;2) 否,同另一同性访问员;

    3) 否,同另一异性访问员;4) 否,督导陪访;

    5) 否,其他情形(请注明:＿＿＿＿＿＿＿)

> 　　访问员保证:我保证本问卷所填各项资料,皆依作业程序规定完成,绝对
> 真实无欺。若发现一份作假,则本人经手的全部问卷作废,并赔偿课题组损失。
>
> 　　　　　　　　　　　　　　　　　访问员签名:＿＿＿＿＿＿＿＿＿＿＿

附录 4　访谈提纲(社长)

(社长)访谈提纲

1. 合作社基本情况

(1) 时间

组建(即召开成立大会)年月

工商注册登记年月

变更注册年月

进行得是否都顺利？有什么您愿意谈谈的事情吗？

(2) 发起

发起成立合作社的缘由是什么,是否有前身(协会)？

准备工作如何开展？

有无遇到困难,是否解决,如何解决？有无获得外界的帮助？

(3) 资产

最初出资额(有无出资要求及权利义务是什么)及出资额变化情况(有无变化、变化多少、为什么变化)

出资比重最大的是谁,是多少？生产性成员的出资比例是多少？

固定资产有多少,主要是什么？

(4) 规模

主营产品经营规模

人均规模

最大规模

最小规模

对加入合作社的成员有无规模要求？

(5) 成员

最初成员数(入社是否有限制即社员资格如何设定)及成员数变化情况

（有无变化、如何变化、为什么变化）

成员的组成情况，是否有单位成员？对合作社事务的参与度如何？在合作社的创建与发展中有什么样的作用？

生产性成员有多少？

成员享有的权利义务有哪些（规章制度以及实际上的都有哪些？不同时期加入进来的成员是否有区别）？不同成员是否有区别？

成员地理覆盖范围如何？（本村或者本市各自比例或数量；随着合作社的发展，成员覆盖范围如何变化）

成员是否会在合作社中从事一些劳动？（雇佣关系）

（6）产品

合作社的主营农产品是什么？

为什么是这种产品？有什么优势？

主营产品的生产环节有哪些？

主营产品有哪些不同于其他产品的特性？

销售周期大概是多久？

市场风险和自然风险如何？

（7）治理

理事会和监事会的成员数、出资比例、表决方式？

是否有成员代表大会？成员代表如何产生？有多少？

成员（代表）大会是否开会？为什么开会？

最近一次的开会议题是？

会议频率、表决方式？

成员（代表）的参会积极性如何？他们对合作社生产经营有什么问题的话一般如何反映？（找领导、会议上说？）

（8）盈利与分配

合作社的盈利主要来自哪些方面？

有无盈余？是否提取公积金、公益金、风险金或其他？各自的比例、用途？

如何分配（按量或按股）？为什么这样分配？这些决定是谁作出的，怎么作出的？

（9）荣誉与成绩

合作社所获各种荣誉的年份以及为什么获得、如何获得、对合作社的发展是否有影响？

2. 合作社专业化服务基本情况

合作社针对主营农产品提供了哪些服务？各项服务是什么时候提供的，为什么？是如何开展的？各项服务提供过程中有没有出现什么大的变化？

（1）种苗供应：

有几种种苗？

是否与农户签订合同（能否看下合同），是否统一供应，合作社自己培育还是外购？若统一供应，是何时开始的？对成员的覆盖率有多少？合作社发展至今，种苗供应的覆盖率有无变化，为什么发生了这样的变化？

成员是强制使用还是选择使用，是免费、合同价（怎么签订的），是低价，还是（优质）高价？不使用统一提供的种苗，是否影响后期的统一销售？

提供服务过程中有没有什么困难？是否得到了解决？如何解决的？有无心得体会？

与其他组织相比有无优势？他们是怎么运行的？

（2）农资采购：

有几种农资？

是否与农户签订合同（能否看下合同），是否统一供应，合作社自己生产还是外购，成员是强制使用还是选择使用，是免费、合同价（怎么签订的），是低价，还是（优质）高价？

若统一供应，是何时开始的？对成员的覆盖率有多少？合作社发展至今，种苗供应的覆盖率有无变化，为什么发生了这样的变化？

不使用统一提供的农资，是否影响后期的统一销售？

提供服务过程中有没有什么困难？是否得到了解决？如何解决的？有无心得体会？

与其他组织相比有无优势？他们是怎么运行的？

（3）生产管理

合作社主营产品的标准化生产管理比例有多少？主要涉及哪些技术？

合作社是否有专职技术人员？有多少？如何对成员进行服务，统一或分散，还是视情况？除了合作社的技术人员，是否有其他机构技术人员过来对成员进行教育培训、服务（为什么过来，如何开展？是合作社主动联系，还是相关机构主动提供支持）？

指导、培训或服务的内容有哪些？能否满足成员需求？

合作社是何时开始对成员提供服务的？一开始对成员的覆盖率有多少，成员的接受情况如何？这几年变化情况如何？

成员享受技术服务有无限制条件？什么条件？非成员能否享受服务？

合作社对成员产品的生产是否有标准化要求？如何控制？不接受合作社统一服务的是否会影响后期成员销售？

提供服务过程中有没有遇到什么困难？是否得到了解决？如何解决的？有无心得体会？

与其他组织相比有无优势？他们是怎么运行的？

（4）加工：

是否购有用于整理、分级、粗加工、精加工、包装、冷藏、运输等专用设备？

是何时开始有的？如何有的？是独立的加工组织还是合作社所属？

是否为成员统一提供加工服务？如何为成员服务的？是否签订服务合同？

加工所获得的收入如何分配？

提供服务过程中有没有什么困难？是否得到了解决？如何解决的？有无心得体会？

与其他组织相比有无优势？他们是怎么运行的？

（5）销售：

是否统一为成员销售产品？占主营产品的比重是？

如何为成员服务？签订合同（能否获得）或否，价格如何设定？

如何销售，生产后直接销售、粗加工（如保鲜、包装）后出售，精加工（设加工部门或自办加工厂）后出售，比重分别是？

不同加工程度的产品主要销售渠道是什么，是否稳定，为什么？

对成员产品是否分级收购？是否有标准化生产基地（规模）、注册商标、产品认证等？如何获得这些认证？

提供服务过程中有没有什么困难？是否得到了解决？如何解决的？有无心得体会？

与其他组织相比有无优势？其他组织有何优势？

（6）其他

3. 合作社所在地基本情况（外部环境）

本合作社成立之前，当地是否已有其他合作类组织？是什么？对本合作社的成立是否有影响？

当地拥有几个合作社？分别是什么类型？与本合作社是否有关系？合作或竞争？

当地农业社会化服务水平如何？即与合作社具有类似功能的其他组织多不多？

主营产品在当地的产业集中度如何（合作社主营农产品种养面积是否在本地（乡镇）达到50%以上）？当地最主要的农产品是什么？

当地政府对专业合作社的支持力度如何？本合作社是否获得过政府资金资助或其他扶持？

4. 社长基本情况及想法

（1）性别、出生年月、受教育年限（文化程度）、个人出资额

（2）个人经历及所获荣誉

（3）是否是合作社创始人？作为个体，当初为什么要去创办合作社？对合作社寄予什么样的期望？是否已达到预期？若没有，还差什么？

（4）创办、运营过程中遇到的最大困难是什么？是否已经解决？如何解决的？

（5）合作社发展的拐点或重大事件有哪些？这些事件的发生对合作社的发展有着怎样的影响？

（6）您认为合作社可以从哪些方面提升自己的服务能力、拓宽自己的服务范围？

（7）合作社发展的短期、中长期目标分别是什么？

（8）您了解您周边或其他类似合作社的相关情况吗？与他们相比，您认为您的合作社运行情况如何？

（9）您认为合作社对农民的影响有哪些？最大的影响是什么？

（10）您在创办和经营合作社过程中有什么深刻的体会与领悟？当前合作社发展有没有什么困难的地方？对政策法规的理解？

附录5 访谈提纲(成员)

(成员)访谈提纲

1. 成员基本情况

(1) 性别

(2) 出生年月

(3) 受教育年限(文化程度)

(4) 家庭成员组成,主要劳动力兼业情况

(5) 个人和家庭收入来源(主营产品收入占比)、在当地的经济状况和生活水平

(6) 职业、个人经历

(7) 主营产品类型、种养规模。您是从哪一年开始种养的? 加入合作社前后是否有变化?

(8) 加入合作社前的产品销售范围是什么(本乡镇、外乡镇)? 如何销售(卖给谁,所占比例)? 生产地距离初级交易市场的距离有多远?

(9) 您认为您主营产品的市场风险和自然风险如何? 为什么?

(10) 您对风险的偏好如何?(是否采用了新品种或新技术,如有,是什么?)

(11) 您家有农业设施设备吗? 是什么,价值大约是多少? 什么时候购买的,是加入合作社前还是加入合作社后?

2. 加入合作社的情况

(1) 加入时间? 是第几批成员?

(2) 当初加入合作社最主要的原因是:1)有统一的种苗供应;2)统一的或低价的农资采购;3)免费的技术指导和培训;4)有加工设备;5)有较高的产品价格或稳定的销路;6)其他

(3) 在合作社中的身份是? 何时开始?

（4）是否入股？金额、所占比例？

（5）加入合作社后，享受的服务主要有：

种苗供应：是否可以自由选择？是否签订合同？通过合作社购买的农资价格跟从其他渠道相比如何？

农资采购：是否可以自由选择？是否签订合同？合作社是否自己建有农资部门或门市部？通过合作社购买的农资价格跟从其他渠道相比如何？

技术指导或培训：是否可以免费或低价获得服务？服务内容有哪些？怎样才可以获得服务？是否可以获得及时的服务？服务效果是否满意？合作社对产品质量是否有要求？

加工：是否会使用合作社的相关加工设备或加工条件？

销售：会销售自己的产品给合作社吗？是合作社直接一次性买断还是帮助自己卖产品？各自所占比例是多少？合作社如何支付货款？价格如何确定？

若没有全部卖给合作社，其余卖去哪里？

为什么全部卖给合作社或者没有全部卖给合作社？

（6）加入合作社后，有没有享受到其他好处？您认为加入合作社后获得的最大好处是什么？是否满足了入社时的设想？

3. 治理和想法

（1）在您看来，农民专业合作社是怎样一种形式，又是如何运作的呢？

（2）您平时是怎么获取合作社的一些信息的？您知道合作社的发展目标、财务或盈利情况吗？

（3）当地是否有为农户服务的其他合作社或经济组织？您认为他们有什么区别（服务价格、服务方式、返利方式）？为什么选择加入这个合作社呢？

（4）您与合作社领导接触的机会多吗？您最近一次与他们联系是什么时候？为什么？

（5）您有无参加合作社的各种会议？这些会议多久举行一次？怎样通知你们？

（6）对于合作社的事务，谁有最后的决定权（社长、理事会、成员代表大会）？

（7）合作社给您的惠顾返还了吗？

（8）对合作社相关活动有意见时，您会怎么办？私下与领导沟通、成员（代表）大会表达、退社或其他

（9）不是合作社的成员能否与成员一样，享受同等的服务？为什么？您觉得这样好吗？

（10）您能根据自己的经验分析一下，在什么样的情况下，农户会比较需要合作社的服务呢？您的家庭在加入合作社后的最大的变化是什么？

（11）在加入合作社后，您的个人（家庭）收入是增加还是减少了，为什么？

（12）您觉得跟以前相比，农业生产经营是更难了还是更容易了，为什么？

（13）您了解您周边或其他类似合作社的相关情况吗？与他们相比，您认为您的合作社运行情况如何？

（14）您认为合作社的出现，对农民最大的影响是什么？

4. 社会环境

（1）您认为与该区域/该村/该区其他村相比，您所在村的经济地位怎样，是更好还是更差？这周边最富的村是哪个？为什么？

（2）本合作社成立之前，当地是否已有其他合作类组织？是什么？对您加入本合作社是否有影响？

（3）当地农业社会化服务水平如何？与合作社具有类似服务功能或具备合作社某一项服务功能的其他组织多不多？具体是哪些？您是如何得知这些的？

（4）您的主营产品在当地的产业集中度如何（合作社主营农产品种养面积是否在本地（乡镇）达到 50% 以上）？

（5）当地政府对专业合作社的支持力度如何？本合作社是否获得过政府资金资助？您本人是否从中获利？您认为政府资金资助最大的受益人是谁？

附录6　访谈提纲(非成员)

(非成员)访谈提纲

1. 非成员基本情况

(1) 性别、出生年月、受教育年限(文化程度)

(2) 家庭成员组成,主要劳动力兼业情况

(3) 个人和家庭收入来源(主营产品收入占比)、在当地的经济状况和生活水平

(4) 职业、个人经历

(5) 主营产品类型、种养规模。您是从哪一年开始种养的? 加入合作社前后是否有变化?

(6) 产品销售范围是什么(本乡镇、外乡镇)?

(7) 如何销售(卖给谁,所占比例)?

(8) 生产地距离初级交易市场的距离有多远?

(9) 您认为您主营产品的市场风险和自然风险如何? 为什么?

(10) 您对风险的偏好如何?(是否采用了新品种或新技术,如有,是什么?)

(11) 您家有农业设施设备吗? 是什么,价值大约是多少? 什么时候购买的?

2. 关于合作社

(1) 您听说过合作社吗? 您知道什么是合作社吗?

(2) 您身边有合作社吗? 在哪里? 是干什么的?

(3) 您身边有主营产品跟您生产经营的产品是一样的合作社吗? 您对这个合作社了解吗? 您有没有与他们领导或成员有过接触? 您为什么没有参加合作社?

(4) 您认为什么样的条件下,您会选择参加合作社呢?

(5) 您平时是怎么进行生产经营活动的? 您的种苗、农资、生产过程、销售、加

工等环节都是如何进行的？是您自己拥有相关设备或途径还是采用其他相关服务组织提供的服务？

(6) 您认为加入合作社与否对您或其他农户的生产经营活动有影响吗？为什么？

(7) 您对合作社的发展有什么看法吗？

3. 社会环境

(1) 您认为与该区域/该村/该区其他村相比，您所在村的经济地位怎样，是更好还是更差？这周边最富的村是哪个？为什么？

(2) 当地是否有其他合作类组织？是什么？什么时候有的？

(3) 当地农业社会化服务水平如何？与合作社具有类似服务功能或具备合作社某一项服务功能的其他组织多不多？具体是哪些？您是如何得知这些的？

(4) 您的主营产品在当地的产业集中度如何（合作社主营农产品种养面积是否在本地（乡镇）达到50%以上）？当地最主要生产的农产品是什么？

(5) 当地政府对专业合作社的支持力度如何？您本人是否从中获利？您认为政府资金资助最大的受益人是谁？

索　引

致　谢

　　读博的五年,是漫长的五年,亦是短暂的五年;是老去的五年,亦是成长的五年;是纠结的五年,亦是感动的五年。漫长于艰难的学术,短暂于快乐的生活;老去于脑中的激情,成长于心中的淡然;纠结于五彩的选择,感动于师友的爱护。正是你们的爱护,让我有了写这篇致谢的机会。

　　最应该感谢的,当然是我最最敬爱的黄祖辉老师。是您的随和,让我成为黄家军的一分子;是您的培养,让我发现了自己的潜能;是您的鼓励,让我勇往直前;是您的关爱,让我心中充满了阳光;是您的包容,让我不断稳重;是您的历练,让我茁壮成长。总之,是您的信任,开启了我崭新的人生。对您的谢意,只能用可以围绕地球一圈的巧克力去表达。喜欢和您一起吃饭,可以听您说北大荒"偷懒"的经历、可以听您说"情书"追师母的经历、可以听您说"三农"的前沿、可以听您说我们的未来……喜欢您问我们年龄,给我们排排坐;喜欢您问我们的入学时间,给我们厘清"辈分";喜欢您问我们的对象情况,给我们满满地鼓励……您吃美食的样子和给我们从世界各地带美食的情分都永远刻在我的心中,北京的果脯、美国的巧克力……您写给我的800多封邮件,我会永远保存,里面都是您对我满满的嘱托、期许与教导……五年了,与您在一起的点点滴滴,可以汇聚成河,可以散落成星,但不变的是我对您深深的、真真的感激之情,特别是在我最最痛苦、最最无助的论文攻坚阶段,您对我的不断鼓励与信任。即将跟随您,成为一名人民教师,不求有您的高瞻远瞩、胸怀天下,但求学习您的品德,视学生如子女,因材施教,发现他们的优点,包容他们的缺点。

人生的各种第一次都是很难忘的,我的导师徐旭初老师给了我很多很多的人生第一次体验,为我的人生开启了完全不一样的一扇门。如果说黄老师是我的灵魂导师,那您,则是我的人生导师。跟着您,第一次坐了飞机,看着窗外的风景,难掩内心的新奇;跟着您,第一次坐了高铁,看着刚开通的高铁呼啸而来,紧张不已;跟着您,第一次进行了学术调研,听着湖南乡语,云里雾里;跟着您,第一次去高原地区,美丽的景色令我缺氧;跟着您,第一次泡温泉,温暖的泉水,融化我土土的心;跟着您,第一次入住了青年旅社,西湖的杨柳风,让我们CCFC的志向飘向远方;跟着您,第一次邮寄了明信片,短短的言语,却是另一种生活体验……是您,让我的生活更加丰富,让我的生命更加精彩。您对待生活有颗年轻之心,对待师母有颗疼爱之心,对待学生有颗包容之心,感谢您用这些对我进行言传身教,赋予了我一辈子的财富。曾几何时,轻诺要留在杭州,给您养老,现在想想,也只能泪流满面。此时,十分想念您与师母,想念我们共同吸氧的时光。

感谢毛迎春老师,您的笑容是最最温暖的花香,沁入心脾。您像领导一样,指导我的工作;也像老师一样解答我的问题,您是解答我问号最多的老师;您更像姐姐一样,关心我的身体、生活。不曾给您什么,但却经常吃到您给的美食,面条、月饼、坚果、水果……不知几时才能再尝到您的手艺。对您老公钱文荣老师的感谢也只能深埋心中,你知我知。

感谢卡特的所有老师们,叶老师、郭老师、周老师、韩老师、陆老师、卫老师、杨老师、张(忠根)老师、阮老师、金老师、徐老师、胡老师、张(霞)老师……你们是如此的可亲可爱、平易近人。谢谢周老师在老冯面馆对我和熊说的话,使我们之后生活的心态很轻松;谢谢韩老师离去前夕在招待餐厅对我们的教诲,我会向您学习,爱惜身体,学习养生;谢谢徐丽安老师每次见面对我的鼓励,让我感觉自己真的很不错一样;谢谢胡老师如大哥哥般替我解决各种棘手问题……

感谢黄家军的兄弟姐妹们,你们都直接或间接帮助过我、影响着我,从你们身上,我得到或学习了很多很多。我们这个大家庭围绕黄老师而存在,互相温暖着彼此。谢谢米松华师姐的昂扬斗志和细心指导,谢谢扶玉枝师姐的欢声笑语和关爱扶持,谢谢梁蒙师姐的终日相伴,谢谢梁巧师姐的宽慰言语,谢谢俞宁师姐的哲理教导,谢谢鑫鑫姐的多次款待,谢谢春燕的强大方向感,谢谢琳琳妹妹的各种帮助、各种关心,希望你们永远健健康康、快快乐乐、平平安安……总之,黄家军的女战士们都是好样的! 谢谢邵科师兄的极力推荐和苦口婆心,谢谢吴彬师兄的各种宽容与好脾气,谢谢黄宝连师兄的经验传递与坦诚相待,谢谢思宁师兄的搞笑精神……不得不感慨,我们师门实在是人员众多,又十分友爱,五湖四海的二百多个兄弟姐妹,对我的助理工作都曾给予了极大支持,在此一并谢过,恕我懒惰,不能一一提及。

感谢安徽农业大学栾敬东老师、张士云老师、陆新文老师等给的我步步指引,让我选择了最为正确的导师。感谢浙大管理学院阮俊华老师、张川霞老师、陈璞老师等对我的培养与爱护,特别是张老师对我的知遇之恩;感谢院博士生会的付辉建、黄玉晶、胡悦、孟亮、张武科、裴冠雄等对我工作上的支持与包容,特别是在我最繁忙时,辉建做了所有本该我做的事,谢谢辉建的宽容与大度。

感谢2010级博士班(支部)的同学们,是你们的陪伴,让我有了精彩的校园生活。我们这个班专业跨度大、年纪跨度大,特别是在学术这座山的压力之下,虽然相互接触不十分紧密,但在大家的努力下,始终如家人一般,相亲相爱。感谢班长吴彬、生活委员吴海江、组织委员梁靓、宣传委员张妍、学习委员许为,还有刘森、一道、陆萍、林凯等同学一直以来对我的帮助与支持。感谢德导颜士梅老师、蔡荃老师对我的庇护与包容。

感谢2009级农经硕士班的同学们,是你们让我享受了人生中最为快乐的一年。教室中的相伴、宝石山上的牵手、音乐喷泉下的惊呼、新白鹿里的笑语,都是我最最珍贵的记忆。王黎的温婉、秀滢的靓丽、陶然的大气、文佳的童心、罗艳的才气、肖雯的斗志、安安的随意、紫露的开朗、阿渊的幽默、唐通的健美、春明的帅气、曾洁的贵气都令我陶醉与怀念。感谢陈鹏同学,在杭州的第一个中秋节,是你手拿地图,带着我和强哥骑游杭州,是你带着我们毅行,贡献你新买的登山杖,是你让我知道原来生活可以这样;谢谢郑伟强同学,是你在食堂的举动,让我知道原来男生可以这样心细,也谢谢你在离别之际来送行。

感谢卡特 1303 办公室的同学们，是你们让我知道博士真的是一群"特殊群体"。谢谢一道，给了我平淡生活中最真实的一份情谊，谢谢你带我和熊去你家过端午节，当日的倾盆大雨并不能冲淡我们的感谢之意；谢谢好脾气的新平带给我们的欢乐，希望属于你的妹子早日出现；谢谢许为和曹滢，是你们让我知道生活可以如此浪漫，"初心"如此重要。谢谢玲玲的洗面奶，谢谢菲的电饭锅，谢谢长川兄的打印机，谢谢彬哥的电脑技术……

谢谢陪我一路走来的郑阳师兄和黄增健师兄，从 2009 年 9 月 9 日报到之日的第一顿饭开始，我们一起从紫金港吃到华家池，再从华家池吃回紫金港。虽然郑哥的酒给了我很多烦恼，但郑哥的菜却给我了很多的营养。希望一起烧烤、一起吃饭、一起聊天的日子可以继续。

在此，不得不感谢《中国农村经济》杂志的陈劲松老师、梁巧师姐、俞宁师姐、杨丹师姐、吴彬师兄、伍骏骞、应一道、鄢贞、大熊等对我小论文和大论文的直接帮助。帮助是有形的，但对我的影响却是无形的，我会时时刻刻记着你们的指点与教诲。

感谢安徽老乡宋庭彪，你是我在异地他乡的一抹阳光。谢谢你对我和熊的黄山之行、婚照拍摄等提供的帮助。

我要特别感谢伍骏骞——我的硕士同学、博士同学、学习室室友、望月邻居。五年的相识，五年的相伴，五年的扶持，言语已经不能表达我对你的感谢之情。一句话，你是我心目中最完美的男士。

感谢我的爸爸妈妈、哥哥嫂嫂、姐姐姐夫，是你们的大力支持，耐心倾听，无私奉献，才让我走到今天。第一双带图案的棉袜、第一块手表、唯一的自行车、第一套红豆内衣都是哥哥送给幼小的我的礼物；高考时细心相伴我的是姐姐，给我织毛衣的也是姐姐……你们是我这辈子最好的礼物。

感谢我的爱人大熊，是你十年如一日的爱护才让我生如夏花。不求最好，但求最合适，你是我这辈子最对的相遇。谢谢你的"每周一游"，其实，在哪并不重要，重要的是与谁在一起。谢谢你配合我的各种"奇思妙想"，虽然有时自己都觉得不靠谱，但你仍陪我玩得不亦乐乎，大爱隐于小事。谢谢你在我无法静心时，为我录的小短文，此时，你的声音正伴随着我的文字的输出。听着你的每一声"加油"，百感交集于胸。从相识到相知到相爱，不是水到渠成、不是顺风顺水，谢谢你为我们这段感情所付出的所有。谢谢你的"言而有信"，谢谢你的"积极向上"，相信我们会在"思进取"中不断前行。

　　还有很多对我帮助诸多的师友，虽然没有一一提及，但对你们的感谢之情永存心中。这五年，是我最为精彩的五年，也是最为难忘的五年，不为这五年成长了多少，而为在这五年认识了这么多的师友。

高钰玲

2015 年 6 月

图书在版编目(CIP)数据

农民专业合作社服务功能：理论与实证研究 / 高钰玲著. —杭州：浙江大学出版社，2015.11
ISBN 978-7-308-14961-7

Ⅰ. ①农… Ⅱ. ①高… Ⅲ. ①农业合作社—专业合作社—研究—中国 Ⅳ. ①F321.42

中国版本图书馆 CIP 数据核字（2015）第 177339 号

农民专业合作社服务功能：理论与实证研究

高钰玲　著

责任编辑	田　华
责任校对	杨利军　董　唯
封面设计	春天书装
出版发行	浙江大学出版社
	（杭州市天目山路 148 号　邮政编码 310007）
	（网址：http://www.zjupress.com)
排　版	杭州林智广告有限公司
印　刷	杭州日报报业集团盛元印务有限公司
开　本	710mm×1000mm　1/16
印　张	14.25
字　数	220 千
版 印 次	2015 年 11 月第 1 版　2015 年 11 月第 1 次印刷
书　号	ISBN 978-7-308-14961-7
定　价	42.00 元
